건강보험과
노인장기요양보험의
이해와 활용

건강보험과 노인장기요양보험의 이해와 활용

펴낸날 2017년 11월 21일

지은이 정범길
펴낸이 주계수 | **편집책임** 윤정현 | **꾸민이** 심가영

펴낸곳 밥북 | **출판등록** 제 2014-000085 호
주소 서울시 마포구 월드컵북로 1길 30 동보빌딩 301호
전화 02-6925-0370 | **팩스** 02-6925-0380
홈페이지 www.bobbook.co.kr | **이메일** bobbook@hanmail.net

© 정범길, 2017.
ISBN 979-11-5858-349-1 (13320)

※ 이 도서의 국립중앙도서관 출판시도서목록(CIP)은 e-CIP 홈페이지(http://www.nl.go.kr/cip)에서 이용하실 수 있습니다. (CIP 2017029095)

※ 이 책은 저작권법에 따라 보호받는 저작물이므로 무단전재와 복제를 금합니다.

풍부한 현장경험으로 풀어낸
건강보험의 과거와 현재, 미래

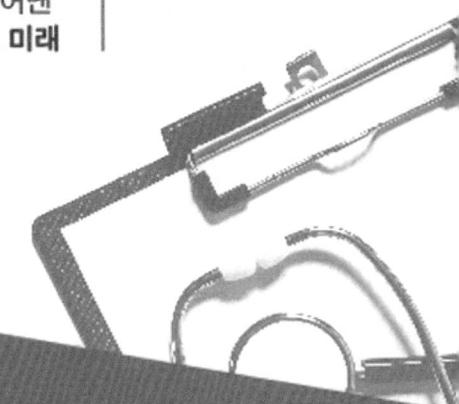

건강보험과
노인장기요양보험의
이해와 활용

국민건강보험공단 **입사와 근무 노하우 수록**

정범길

머리말

최근 들어 저출산과 인구 고령화의 급속한 진행에 따라 인해 앞으로 지속 가능한 건강보험제도를 유지하기 위한 다양한 토론과 연구가 진행되고 있습니다.

사회보장 분야에서 건강과 의료문제는 행복한 삶을 결정짓는 중요한 요소 중 하나입니다. 40년의 역사를 지닌 우리나라 건강보험 정신에는 우리 모두다 함께 이어갈 '세대 간 품앗이'라는 속뜻이 숨겨져 있습니다.

아플 때 가족처럼 건강을 돌볼 수 있는 편안한 건강보험제도는 사회 구성원이 줄어드는 미래사회에는 더욱 소중하고 필요합니다.

우리나라에서는 건강보험제도가 상부상조의 이념을 충족할 수 있는 기본적인 의료보장제도로 성장하였습니다. 그러나 사회구조의 급격한 변화 등으로 인하여 미래의 후손들이 현재의 건강보험제도처럼 사회안전망의 의료혜택을 계속해서 누릴 수 있을지는 의구심이 듭니다.

혼자 사는 세대 증가, 젊은 층 인구 감소, 노인인구 증가로 인하여 국가나 사회의 보호가 필요한 복지욕구는 점점 더 늘어나고 있습니다. 새로운 변화에 대처하기 위해서는 건강보험이 지나온 과거 경험을 통해 지혜를 얻어야 합니다.

아직 우리에겐 건강보험의 이해와 활용이라는 측면을 다룬 일반적인 도서가 그리 많지 않습니다. 그동안 건강보험에 대한 원리와 원칙, 과거 역사, 현재와 미래 준비 등 전반적인 내용이 체계적으로 기술되지 않았습니다. 이와 관련하여 풍부한 현장의 경험과 지식을 바탕으로 부족하지만, 동료 및 선후배의 도움을 받아 이 책을 발간하게 되었습니다.

책의 내용은 건강의료보험을 이해하기 위한 이론과 원칙을 다룬 다음, 과거, 현재, 미래와 연관을 지어서 시사적인 내용으로 구성했습니다.

모쪼록 한 권의 책이 국민건강보험제도를 공부하고 싶으신 분, 건보공단에 근무하시는 분, 입사를 희망하시는 분들에게 보탬이 되기를 바랍니다. 특히, 부록에서는 직접 도움이 될 만한 실전적인 현장 경험을 정리하였으니 잘 활용하시기를 바랍니다.

건강보험에 대하여 궁금해하시는 독자들에게는 도서에 수록된 정보를 통해 의료혜택을 받는 데 조금이나마 도움이 되기를 희망합니다.

지식을 얻으려면 배우려고 하는 의지가 있어야 합니다. 의료보험에 관한 정보는 찾으시는 분들만이 원하는 정보를 습득할 수 있습니다. 건강보험에 관한 전문적인 지식을 얻는 기회도 마찬가지입니다.

많은 분이 건강보험과 노인장기요양보험에 관한 폭넓은 정보를 이 책을 통해 경험하였으면 하는 바람 간절합니다.

2017년 11월

정범길

차례

머리말 · 04

1
이론과 원칙

1. 사회보험의 개념 · · · · · · · · · · · 13
2. 사회보험제도를 구성하는 주요 원리와 원칙 · · · · 15
3. 과거 역사에서 보는 사회보장의 원칙 · · · · · · · · 18
4. 사회보장의 유래와 의미 · · · · · · · · · · · · 21
5. 의료보장 방식 분류 · · · · · · · · · · · · · · 23

2 기원과 역사

1. 기원 · · · · · · · · · · · 29
2. 제도 이념 · · · · · · · · · 32
3. 사회보장제도로서 건강보험의 형성배경과 기능 · · · 35
4. 우리나라 의료 관련 역사 및 변천사 · · · · · · 38
5. 보험급여제도 변천사 · · · · · · · · · 48
6. 의료급여제도의 이해 · · · · · · · · · 56

3 현재의 건강보험제도

1. 시사점 · · · · · · · · · · · · 71
2. 현대 건강보험의 이론적 시각 고찰 · · · · · · · 81
3. 법 규정을 알지 못해 불이익이 될 수 있는 내용 · · · 109
4. 자영업자(개인사업주)에게 유익한 주요 내용 · · · · 117
5. 의료기관에서 필요한 주요 내용 · · · · · · · · 129

4
건강보험의 미래

1. 미래 준비 · · · · · · · · · · · · · · · · · · · 143
2. 미래의 사회복지 패러다임과 마인드 · · · · · · 145
3. 미래가 궁금하다 · · · · · · · · · · · · · · · 162

5
노인장기요양 보험제도

1. 노인장기요양의 필요성 · · · · · · · · · · · 172
2. 장기요양 급여종류 · · · · · · · · · · · · · 173
3. 장기요양급여 이용 절차 · · · · · · · · · · · 176
4. 장기요양보험에 소요되는 재원조달 · · · · · · 181
5. 부당청구 장기요양기관 신고·포상금제 안내 · · · 182
6. 인지장애(치매)에 대한 이해 · · · · · · · · · 184

부록

국민건강보험공단 입사와 근무(TIP)

1. 국민건강보험공단 신입직원 TIP · · · · · · · · · 189
2. 초급관리자가 되기 위한 사전준비 TIP · · · · · · · 195
3. 중견관리자가 되기 위한 실무 TIP · · · · · · · · · 201

참고문헌 · · · · · · · · · · · · · · · · · · · 220

건강보험과
노인장기요양보험의
이해와 활용

1장

이론과 원칙

1. 사회보험의 개념

경제적 측면에서의 보험은 '재무적' 손실 위험을 감소시키는 제도이다. 피보험자(개인)는 자신의 재무적 위험을 보험회사에 이전하여 위험을 감소시키고, 동시에 보험자는 개별적 위험을 모아서 관리함으로써 전체 위험을 감소시키는 것을 목적으로 한다.

사회적 측면의 보험은 '소수에게 발생한 손실을 다수가 분담'하는 것을 목적으로 한다. 손실의 분담은 '다수가 공동으로' 형성하는 재원(기금, 보험료)을 통해서 이루어진다. 예기치 못한 손실 즉, 누구에게 나타날지는 불확실하며, 불확실한 손실을 대비하기 위한 '사회적 제도'가 보험이다.

법적인 측면에서의 보험은 보험자와 피보험자(또는 보험계약자) 사이에 맺어진 '법적 계약(약관)'을 의미한다. 계약의 내용은 재무적 손실의 보상이다.

수리적 측면에서의 보험은 확률이론과 통계적 기법을 바탕으로 미래의 손실을 예측하여 피보험자가 부담해야 할 몫을 배분하는 것이다.

종합적인 관점에서 보면 보험이란 첫 번째, 경제적 불안을 제거할 목적으로 한다. 두 번째, 우발적인 사고발생의 위험이 있는 다수의 경제주체가 참여한다. 세 번째, 법적 계약을 통해 이루어진다. 네 번째, 수리적 기초에 의하여 산출된 부담금을 미리 모금하여 공동재산을 형성한다. 다섯 번째, 사고가 발생한 경우에 이 공동재산으로부터 재산상 보상을 받는 방법이다.

2. 사회보험제도를 구성하는 주요 원리와 원칙

　사회보장의 기본원리는 상부상조의 정신에 입각하여 개인 또는 집단의 우연적인 위험발생에 대비하여 특정한 범위 내에서 국가의 개입과 관여를 요구받게 되는 보호 장치나 수단을 필요로 한다.

　사회보장은 사회적인 위험으로부터 저소득층, 장애인, 취약계층 등 사회적 약자의 보호를 통해 인간의 존엄성과 형평성이 강화될 수 있다. 따라서 조력, 공동체, 연대의식으로 승화, 사회적 합의기능, 전체 사회화 등 유사한 참여가 있어야 한다.

　사회안전망을 통해 사회보장 복지 증진노력으로 불확실한 위험 발생에 대비하고, 수요발생이 불규칙한 경우에는 정부가 개입하여야 한다. 소득재분배 기능이란 수평 또는 수직적으로 금전 또는 현물의 성격으로 이전되는 현상을 기본으로 하여, 재원조달에 있어서 소득이나 유사한 조건을 기준으로 부과차등의 원칙을 적용한다. 이 기능이 제대로 작동하지 않는 경우 소득역진현상이 나타나기도 한다. 위험분산의 원리에 따르면 강제가입을 전제로 선택권을 제한할 수 있다. 부담능력에 따라 납부의무를 지게 되며, 비용을 부담하지 않을 경우에는 징수를 위하여 강제 체납처분을 통하여 재원을 확보하게 된다. 민주성의 원리가 강조되고 절차에 있어서 사회적 의견 수용을 유도하여 의사결정과 참여의 공정성을 높일 수 있다. 사회적인 합의 기능도 가지고 있다.

사회보험방식의 기본원리 중 **수지상등의 원칙**은 자금 수입과 지출의 균형(수지상등)을 의미한다. 보험을 장기적으로 건전하게 운영하기 위해서 필요하다. 따라서 수급권이 발생되고 보험급여를 제한할 수 있다.

확률과 대수의 법칙(law of large number)은 미래의 손실을 가능한 한 정확하게 예측한다. 예측한 손실을 기초로 보험료를 산출한다.

가입자 평등대우의 원칙은 개개인의 보험가입자가 평등한 대우를 받는 것을 말한다. 모든 보험가입자에게 적용되는 보험료율에 따른 보험료를 내야 하며, 보험급여는 동일하게 받아야 한다.

일반적인 적용 원칙에서는 사회적으로 특정한 대처를 하여야 하며, 보험 서비스를 제공 또는 이용하지 않을 경우, 위험에 빠지는 경우, 시급성을 다투는 경우, 생명이나 소득상실에 영향을 미치는 경우에는 긴급조치를 취해야 하는 중대성의 원칙에 의한다. 효과성의 원칙은 보험 서비스를 제공하였을 경우 도움이 되는 향상 정도가 근거가 있어야 한다. 또는 투입에 대비하여 효과, 효용, 편익의 개선으로 이어져야 한다.

우연성의 원리에 따르면 고의 사고인 경우에는 급여를 제한할 수 있다. 적정성의 원리로는 국가가 경제·사회적 인간다운 최저생활을 보장하여야 한다. 보장수준의 내용은 적정하여야 한다. 따라서 수급권의 양도나 압류가 금지된다.

경제적 안정 측면에서는 신청된 욕구에 기초하여 서비스를 제공하는 것이 아니라, 가입조건, 적용범위 등 급여 및 재정에 관련된 모든 조건들이 구체적으로 정해져 있다. 따라서 사전에 결정된 내용으로 정해진 혜택을 제공하게 된다. 건강보험의 운영 원리에 따라 가입강제의 원칙에 의하여 본인의 의사와 상관없이 가입의 강제성이 부여된다. 단기보장의 원칙에 따라 서비스 제공범위는 질병(의료)보험 보장이며, 부담할 비용을 축적하기보다는 그때그때 즉시성이 요구되는 단기보험이다. 현물급여의 원칙으로 제공되는 혜택은 공급자인 의료기관(요양기관)에서 제공되는 서비스를 통하여 수혜를 받는다. 일신전속 권리란 본인에게 국한된 개인의 권리이므로 타인에게 압류 또는 양도할 수 없다.

3. 과거 역사에서 보는 사회보장의 원칙

　베버리지의 6대 원칙을 보면 첫 번째, 정액 생계 급여 보장으로 수입이 중단되거나 종료된 경우에 종전의 수입의 많고 적음에 관계없이 균일한 정액의 혜택을 제공해야 한다는 것이다. 두 번째는 동일한 정액 부담으로 빈부차이에 관계없이 같은 보험 혜택을 받으려면, 누구나 같은 금액의 보험료를 내야 한다는 것이다. 세 번째는 통일관리 원칙으로 보험료 기금과 혜택을 주는 급여는 사회보험기금에서 업무처리의 능률과 재정의 경제성확보를 위하여 하나로 관리되어야 한다는 것이다. 네 번째는 수혜의 적정성 원칙에 따라 생계에 필요한 만족할 만한 급여금액과 급여기간이 적정수준으로 보상되어야 한다. 다섯 번째는 포괄성의 원칙으로 수입과 신분에 관계없이 전 국민을 대상으로 하여야 하며, 개개인의 선택이 아니라 사고와 위험에 대비하여 포괄적으로 강제 적용되어야 한다. 여섯 번째는 계층을 고려하는 원칙으로 발생할 사고의 종류가 다양하고 다르기 때문에 생활양식, 최저생활 유지비의 차이 등 욕구와 상황을 고려하여 이를 보험으로 조정해야 한다는 원칙이다.

국제노동기구(ILO)의 원칙으로는 급여의 수준에 관하여 수급자의 종전 소득에 상응하는 급여수준을 제공한다는 급여비례의 원칙을 제시하여 권고하고 있다. 또 수급자에게 차별 없이 최저 기준선의 일정액을 보장하여야 한다는 급여균일의 원칙을 제시하여 권고하고 있다. 보험사고의 종류와 기준 가족 수에 따르는 일정 비율로 수급자의 가족이 최소한의 생활이 유지되도록 정기적인 가족 부양수준의 원칙을 제시하여 권고하고 있기도 하다.

공평한 비용부담에 관한 원칙은 평등한 사회적 권리이다. 노동력의 투입으로 일하는 사람과 가족이 일시적이든 항구적이든 인종이나, 국적, 성별 등의 차별 없이 노동 불능상태가 된 경우에 법에서 보장된 기본적인 권리로 사회적으로 평등한 권리이다.

포괄성에서 접근하면 사회보장은 모든 사회적 사고에 적용되어야 한다. 근로자와 그 가족 등 노동할 수 없는 사람까지도 적용하여 최저생활이 보장되도록 현금급여를 하여야 한다. 무료 보장과 무기여의 입장은 모든 사람에 대하여 어떠한 제한도 없이 전액 무료의 의료를 포괄적으로 제공하여야 한다. 사회보장에 소용되는 비용은 국가 또는 고용주가 부담하여야 한다. 근로자의 비용부담을 인하하고 폐지하도록 노력하여야 한다. 운영의 참여는 사회보장의 각 기관에는 대표의 선거가 필요하고, 노동조합의 참여가 필요하다. 근로자의 고충을 공정하고 신속하게 처리하여야 한다.

적절성이란 상당한 수준이 유지되도록 급여가 지급되어야 한다. 임금 인상 등이 자동으로 반영되어야 하며, 재해 등 손해가 완전히 보상되도록 하여야 한다. 지속성은 다른 나라로 이주하는 경우에도 그들에게 적용되는 사회보장의 수급권이 중단되어서는 안 된다는 걸 가리킨다. 또한 예방원칙 적용, 재활과 재고용 보장에 대한 원조, 통일적 적용 등 사회보장의 원칙은 국가의 책임을 강조하는 매우 이상적인 원칙이라 할 수 있다.

세계노동조합연맹의 사회보장 기본원칙은 생존권적 기본권으로서 사회보장권에 따라 노동능력을 상실한 경우 일체의 비용부담 없이 근로자와 그 가족이 법률로 보장된 기본적인 사회적 권리로서 보장받아야 한다는 것이다. 이를 위해 정부와 고용주의 비용부담으로 전액 무료의 의료제도가 확립되어야 한다. 적용대상과 보험사고의 무차별 포괄적용 측면에서는 보장의 대상은 근로 형태를 띠는 모든 대상이 포함되어야 하며, 모든 사회적 보험사고에 포괄적으로 적용되어야 한다. 급여 무차별이란 급여는 공적 부분과 사적 부문 사이에 일체의 차별 없이 평등하게 지급되어야 한다는 의미이다.

4. 사회보장의 유래와 의미

　사회보장(social security)은 미국의 루즈벨트(Franklin Delano Roosevelt) 대통령이 1930년대의 대공황(Great Depression)에서 파급하는 다양한 사회문제를 해결하기 위한 국가적 대응을 가리키는 용어로 사용함으로써, 그 후 주로 미국과 영국을 중심으로 하는 앵글로색슨 국가에서 체계화되었다. 제2차 세계대전 중 영미 연합군 진영이 자신들을 "복지국가"(welfare state)라 부르고, 나치독일을 "전쟁국가"(war state), "전체주의국가"(totalitarian state)로 비판하는 과정에서 사회보장은 하나의 정치적 선전용어로 변질되었으며, 이 때문에 독일에서 그리 환영을 받지 못하였다(유광호 1996; Kaufmann 2003; Schmidt 2005).

　어원적인 의미는 security의 어원은 라틴어의 securus 에서 유래하였다. se는 without의 뜻을 가지며, curus는 care의 의미를 갖는다. 따라서 "사회보장(social security)이란 사회적으로 불안과 걱정을 없게 한다"는 의미이다.

넓은 의미에서 보면 포괄적인 사회보장의 의미는 사회적인 조치를 통하여 국민의 생존권을 실현하고, 국민생활을 적극 보장하는 국가정책이며, 국가책임으로 생활상의 각종 장애를 제거하여, 국민의 인간다운 환경조성과 생활보장을 목적으로 하는 법제도의 총체이다.

베버리지 의미를 살펴보면 실업 또는 부상으로 인하여 수입이 중단된 경우에 대비하기 위하여, 노령퇴직이나 부양책임자의 사망으로 인한 부양상실, 출생, 결혼 등 특별한 지출에 감당하기 위한 **소득보장**이라고 정의하였다.

국제노동기구의 정의에 의하면 질병 또는 부상, 출산, 실업, 노령, 폐질과 사망 등으로 인하여 소득이 중단되거나, 감소로 이어지면, 경제적, 사회적 고난에 대응하여 사회가 그 구성원들에게 혜택을 주는 소득보장, 의료제공, 아동수당 등 일련의 공적인 조처이다. 즉 사회적 권리임을 강조하고 있다.

5. 의료보장 방식 분류

국가보건서비스방식(NHS: National Health Service)이란 정부가 직접 의료서비스를 제공하는 방식으로 의료보장을 치안, 국방, 교육 같은 국가공공서비스의 하나로 규정하여, 의료서비스를 제공하는 기관(병의원)은 주로 국가기관이거나 국가가 운영하는 공공기관이다. 따라서 재원은 조세를 통한 국가재정으로 조달하고, 의료보장 업무도 정부 행정조직을 이용한다. 영국, 스웨덴, 덴마크 등이 이를 따른다. 참고로 베버리지 방식은 국민의 의료문제는 국가가 책임져야 한다는 관점에서 국가가 일반조세로 재원을 마련하여 모든 국민에게 거의 무상으로 의료를 제공하는 방식으로 영국의 베버리지가 제안하였다.

사회건강보험 조합방식(SHI: Social Health Insurance)은 다수의 조합을 구성하여 건강보험을 운영하는 방식으로 의료서비스를 제공하는 기관(병의원)은 공공기관과 민간기관이 혼재한다. 하나의 국가가 여러 개의 조합을 설립하여 건강보험조합 형태로 운영한다. 의료보장서비스는 조합과 가입자의 계약에 따라 이루어진다. 조합운영방식에서는 직종에 따라서 가입하는 의료보험조합이 달라지거나 또는 가입자가 다른 종류의 의료보험조합을 선택할 수 있다. 보험재원은 의료보험조합에 가입한 보험가입자의 보험료로 조달된다. 독일, 프랑스, 일본(직장건강보험) 등이 있다.

국민건강보험방식(NHI: National Health Insurance)이란 국가 차원으로 운영하는 '전 국민 단일보험'인 전국민건강보험 방식이다. 의료서비스를 제공하는 기관(병의원)은 공공기관과 민간기관이 혼재한다. 국가 단일보험으로, 대부분 전 국민의 보험가입이 법으로 의무화되어 있다. 이에 따라 가입자와 보험자 간의 별도의 계약이 없으며, 당연히 가입자의 조합 선택 권한도 없다. 가입자는 곧 모든 국민이 된다. 재원은 가입자(국민)가 낸 보험료로 조달하고 일정 부분 국가지원도 있을 수 있다. 건강보험을 운영하기 위하여 행정 관리를 담당하는 별도의 행정(공무원) 조직을 만들거나, 별도의 법인을 설립하여 운영한다. 예를 들면 대만은 위생성 내의 전민건강보험국처럼 별도의 행정조직을 둔 사례이고, 우리나라의 경우는 국민건강보험공단과 같이 별도의 법인을 설립하여 운영하는 사례이다. 비스마르크 방식은 의료비에 대하여 국민이 자기책임의식을 가지되 사회 연대적으로 국가의 지원과 감독을 받는 보험자가 보험료로서 재원을 마련하여 의료를 보장하는 것으로 독일의 비스마르크가 창시하였다.

민간의료보험방식(PMI)은 국가는 관여하지 않고 개인 책임하에 스스로 민간보험사를 선택하여 건강보장을 받는 방식이다. 경제협력개발기구(OECD)에서는 이를 소비자 주권방식이라고 한다. 미국의 민간의료보험(PMI)과 네덜란드의 사회민간보험(SPI) 제도가 국민이 보험자를 선택하여

가입한다는 점에서 유사하다.

의료저축계정 방식은 국민 개개인이 소득 일부를 강제로 저축하게 하고, 저축된 돈을 의료비로만 사용하도록 한다. 1984년 싱가포르에서 만든 제도로 의료에 대하여 개인책임의식을 반영하는 시장경제원리에 기초하고 있으며, 국가의 보조금이 없다는 것이 특징이다.

건강보장제도의 유형 분류를 살펴보면 국가보장방식에는 보험방식(조합, 통합, 민간보험회사 운영)과 조세방식, 사회주의 방식(북한, 쿠바)이 있다. 개인보장방식으로는 소비자 주권방식(미국)과 의료저축계정방식(싱가포르)이 있다.

건강보험과
노인장기요양보험의
이해와 활용

2장

기원과 역사

1. 기원

14세기의 보험계약 형태는 중세 암흑기를 지난 르네상스 초기에 이탈리아 베네치아 등 상업도시에서 해상무역이 발달하면서, 태풍으로 인한 선박 침몰 같은 예상치 못한 사고에 공동으로 대응하기 위해 해상보험이 태동하였다. 이때 해상보험은 보험자, 피보험자, 보험계약 내용을 보험증권에 기재하는 등 이미 현대적 보험계약 형태를 갖추기 시작하였다. 14세기~16세기에는 해상보험이 서부 유럽으로 전파, 확산되었다.

이 기간에 역사상 최초의 체계적 보험계약법인 '바르셀로나 조례'(1435)가 제정되었다. 17세기에는 1666년 런던 대화재 이후 화재보험의 수요가 급증했고, 화재보험을 전문으로 하는 회사가 설립되어 여러 나라로 전파되었다. 17세기 후반부터 확률론 연구가 활성화되기 시작하였고, 생명보험사업의 기초인 생명표(生命表)가 개발되었다.

18세기 말에는 영국에서 시작된 산업혁명으로 생산과 수송 수단이 기계화되면서 기계보험, 자동차보험 등 새로운 보험 상품이 개발되었다. 제2차 세계대전 이후에는 200여 종이 넘는 손해보험상품이 개발되었다.

19세기 산업혁명 이후에는 특히 노동자들의 질병, 산업재해 등의 위험에 대비하기 위한 보험들이 등장하기 시작하였으며, 이 당시의 보험들은 사회보험제도의 모태가 되었다고 할 수 있다.

19세기 말에는 공적보험인 사회보험의 탄생과정을 맞이하게 된다. 산업혁명 이후 많은 노동자 계층이 생겨났는데 19세기 후반 불황으로 인한 실업과 빈곤, 사회주의 사상의 확산이라는 역사적 배경 속에서 노동문제와 빈곤문제를 해결하기 위한 국가적 노력의 필요성이 크게 증가하였다. 이러한 상황에서 독일은 19세기 말 비스마르크(Otto von Bismarck) 정권에서 노동자 계층의 소득보장을 위한 사회보장을 목적으로 1883년 질병보험, 1884년 재해보험, 1887년 폐질 및 노령보험을 각각 제도화하였다. 당시 비스마르크 수상은 팽배하는 사회주의의 확산을 경계하기 위해 공장 노동자의 환심을 살 필요가 있다고 판단하여, 노동자 복지의 핵심적 조치로 건강보험 도입을 결정하였다.

독일이 건강보험을 가장 먼저 도입한 것은 이 제도가 정치적으로 가장 문제가 적었기(보수파도 수긍할 수 있는) 때문이다. 대기업 종사자 중심으로 지역단위 조합이 결성되어 보험 서비스를 제공하는 체계로, 비용은 고용주가 1/3, 근로자가 2/3를 부담하였으며 최대 13주의 상병수당을 지급하였다. 독일은 2009년 전 국민이 공적건강보험 혹은 민영건강보험의 어느 하나에 가입하도록 의무화하면서 마침내 전 국민 건강보험 시대가 열리게 되었다. 이 같은 독일의 움직임을 계기로 서유럽에서는 건강보험에 대한 관심이 커졌고 20세기 초반 이후 정부주도의 건강보험이 각국에 확대되기 시작하였다.

영국(1946), 프랑스(1945) 등 서구 주요국은 노동자와 그 가족을 대상으로 하는 건강보험을 잇달아 도입하였다. 그러나 민영보험이 일찍 발달한 미국은 끝내 건강보험을 도입하지 못하게 된다. 미국도 대공황기 이후 사회보장제도(OASDI)를 도입(1935)할 무렵을 전후하여 건강보험 도입을 사회적으로 크게 논의하기도 하였지만 의사단체 등의 거센 반대로 도입하지 못하였다.

일본은 1927년 상시근로자 10인 이상 사업장을 대상으로 건강보험을 도입하였고, 1938년에는 지역가입자와 자영업자 등으로까지 적용대상을 확대하였다.

영국은 전 국민에게 국가가 직접 의료서비스를 제공하고, 무료로 의료혜택을 제공하는 국민보건서비스(NHS)를 출범시켰는데, 이는 베버리지보고서(1942)에 기초하여 구축하게 되었다.

2. 제도 이념

　사회복지정책이 추구하는 사회적 가치는 학자에 따라 견해가 다르다. 퍼니스와 틸톤은 "자유, 평등, 민주주의, 사회적 연대의식, 생존권 보장, 경제적 효율"을 제시하고 있다.

　조지와 월딩은 〈이데올로기와 사회복지〉(1976)에서 자유와 평등이라는 가치를 어느 쪽에 더 비중을 두는가에 따라 사회복지의 이념을 구분하고 있다.

　마르크스주의에 따르면 절대적 평등, 즉 사람들의 욕구나 능력의 차이에 상관없이 사회적 자원을 똑같이 배분하자고 주장하며, 가치로서는 수량적 평등을 내세우고 있다. 또한 사회적 권리로 인간다운 생활을 누릴 수 있는 자유를 바탕으로 국가의 복지에 대한 개입을 적극 주장한다. 사회주의라고도 한다. 마르크스주의는 또 복지정책을 자본가의 이윤추구를 극대화하고 정치적 정당성을 확보하기 위한 수단으로 보기 때문에 빈곤퇴치와 불평등 해소는 복지국가의 실현을 통해서 이루어질 수 없다고 판단하면서 혁명을 통한 평등실현을 강조한다.

케인스주의(국가개입주의)는 자유와 개인주의 및 불평등 자체는 인정하지만, 지나친 불평등의 수정과 소극적인 평등을 주장한다. 개인의 진정한 자유는 빈곤과 질병, 무지, 나태, 불결 등 베버리지의 5대 악으로부터의 해방이며, 이를 위해 국가의 노력과 개입의 필요성을 인정한다. 수정자본주의라고도 한다. 또한 자본주의 시장의 기능만으로 해결하기 어려운 사회의 부정의와 빈곤문제 같은 사회적 해악을 해소하기 위하여 자본주의 체제를 보다 강화하는 조치로서 복지정책의 필요성을 강조한다.

페비언 사회주의는 불평등은 자연적 정의에 어긋나므로 사회통합과 경제적 효율성의 증진 및 개인의 자아실현을 위해서는 평등이 실현되어야 한다고 주장한다. 각 개인이 자신의 삶을 스스로 통제하고 자신의 목표를 이룰 수 있는 자유를 추구하면서 자유와 평등을 거의 같은 가치로 보고 있다. 사회민주주의라고도 한다. 복지국가를 통해 자원을 재분배하고 경기변동으로 나타난 비복지의 공평한 부담을 추구하고, 국가의 적극적 개입을 주장한다. 자본주의를 개혁할 것을 강조하면서 복지국가를 사회주의 이행의 전 단계로 인식하고 있다.

자유주의(신자유주의) 입장은 타인으로부터 간섭과 강제를 받지 않은 자유와 개인주의를 강조한다. 기본적으로 소극적 자유이다. 개인의 자발적 협동과 경쟁에 의하여 형성된 사회는 자유시장이 지배하는 사회이고, 이러한 시장경제에서 발생하는 빈곤이나 불평등을 자연스러운 현상으로 보고 있다. 사회적 최저수준을 보장할 수 있도록 국가는 최소한의 개입만을 주장한다. 자유방임주의라고도 한다.

최근에 대두되고 있는 신자유주의는 1970년대 서구사회에서 과도한 국가

개입과 과도한 복지정책으로 경기침체와 사회 활력 저하 현상이 나타남에 따라 1979년 영국의 대처, 1981년 미국의 레이건 정부가 이를 해결하기 위한 정책으로 내세웠으며, 국가개입 축소와 자유 시장경제 강화를 주장하는 이념이다. 신자유주의가 추구하는 주요정책은 자유롭고 공정한 경쟁보장, 불필요한 규제철폐, 정부의 규모축소, 세금감축, 공기업민영화, 노동시장의 유연화, 과도한 사회복지의 축소 등이다. 자유 시장경제를 강화하자는 것으로 본질은 자유주의와 유사하다 할 것이다.

3. 사회보장제도로서 건강보험의 형성배경과 기능

가. 배경

봉건제도를 무너트리고 성립한 근대사회는 개인주의와 자유사상에 근거하여 모든 사람은 평등하다고 인식하였다. 또한 개인의 사회적 경제적 활동의 자유를 보장하여 자본주의 경제로 발전하게 되었다. 그러나 17세기 중엽에서 19세기 중엽에 이르는 동안에는 국가는 외적의 침입을 막고 국내치안을 확보하며, 개인의 사유재산을 지키는 최소한의 임무만을 행하며, 그 외에는 자유방임에 맡길 것을 주장하는 야경국가로서의 역할만 수행하였다.

이후 산업화, 도시화, 자본주의의 발전으로 직업과 주거공간이 분산되고, 핵가족화로 변화되었다. 이로 인하여 연대감과 책임감이 약화되었으며, 빈부격차 또한 심화되었다. 이 시대에는 질병, 실업, 노령 등으로 수입이 감소하거나, 없어지는 등 최저생활의 보장이 어렵게 되어 자본가와 노동자의 대립이 격화되었다. 이러한 사회 불만 문제는 개인의 문제가 아닌 사회적 문제로 발전되었다. 법률적, 형식적으로는 자유를 추구하였지만, 경제적, 실질적으로는 불평등한 현상이 나타나게 되었다.

이에 현대국가에서는 자본주의의 사회적, 경제적인 모순을 극복하기 위하여 국민에게 최저한도의 생활보장을 하는 방안으로써 국가의 개입을 시작하였다. 이는 실질적인 자유와 평등을 이루기 위한 사회 정책적 배려로써, 국가가 적극 개입하는 사회보장제도가 나타나게 되었다.

보건의료는 일반적인 재화나 용역과는 달리 그 수요 발생이 불규칙하여 수요를 예상할 수 없고, 실제 수요가 발생할 때는 그 소요비용을 개인이 모두 감당하기 어렵다. 하지만 개인이 대처하기보다는 집단적인 접근방법으로 통계에 기인하여 어느 정도까지 예상이 가능하므로 건강(의료)보험이라는 제도를 만들어 대처하게 된 것이다.

집단성을 가진 제도를 시장경제에 맡겨 일반보험회사가 맡을 경우 다양한 문제들이 발생할 수 있다. 보험회사가 개인의 소득수준이 아니라 위험률 크기에 따라서 보험료를 부과하게 되면 질병발생위험이 높거나, 소득수준이 낮은 사람들은 대부분 사적보험에 가입이 어렵거나 불가능하게 된다. 반면에 건강하고, 고소득층인 사람들은 빈곤하고, 질병위험이 높은 집단과 함께 동일보험에 가입하는 것을 회피하게 된다. 따라서 사적보험은 건강한 고소득층만을 위한 제도가 될 가능성이 커진다.

결국 이러한 문제점을 극복하고 모든 국민에게 건강보장을 제공하고, 보험가입자 간의 소득재분배 효과를 얻기 위하여 국가는 공적인 사회보험의 형태로 건강보험을 실시하게 되었다. 또한 이는 보건의료비의 과다한 가계지출에 따르는 일시적 경제적 어려움을 덜어주기 위한 제도이다. 다시 말하면 건강보험은 보험가입자인 모든 국민을 대상으로 하여 보험료를 소득과 재산에 따라 갹출하여 조성된 재원으로 의료혜택을 제공하는 건강보장으로써, 국민의 건강을 유지 향상시키기 위한 사회보장제도이다.

나. 건강보험의 기능

건강보험은 국민을 질병, 부상, 출산, 사망 등의 사회적 위협으로부터 보호하여 인간다운 생활을 보장함으로써 급격한 소득감소나 상실 없는 생활을 가능하게 하고, 사회적, 경제적, 정치적으로 안정되게 하는 기능을 수행하고 있다.

자기가 위험에 처하게 될 때는 타인의 조력을 받는 것이며 타인이 위험에 처하게 될 때는 자기도 조력할 것을 예정한다. 여기에는 개인 혼자서 사회적 위협에 대처할 수 없으므로 여러 사람이 협력하여 그 위험을 분담하여 대처할 때 형성되는 상부상조의 의식이 숨어있다. 전체 국민을 하나의 공동체로 하여 국민의 상부상조의식이 더욱 강화되어 전체 국민 상호 간에 사회공동체의 연대의식으로 승화된 것이라 할 수 있다.

본래 소득재분배란 소득이나, 소득으로 간주되는 급여가 한 개인 또는 집단으로부터 다른 개인이나, 다른 집단으로 이전되는 현상을 뜻한다. 건강보험은 보험료를 통하여 고소득층에서 저소득층으로의 수직적 소득재분배가 형성되고, 건강한 사람으로부터 질병이 있는 사람에게로의 수평적 소득재분배가 기능이 형성되어 국민의 건강을 보장하고 있는 것이다.

4. 우리나라 의료 관련 역사 및 변천사

가. 공적의료에 대한 삼국, 고려, 조선 시대 환경

당시의 의료상황은 왕족과 고급관료 등 권력을 지닌 지배층의 질병치료를 위해 소수의 의료인이 존재하였을 것으로 추정한다. 대부분의 백성들은 대형 전염병(大疫)이나, 괴질(怪疾)이 수시로 유행할 경우에만 질병치료를 위해 공중보건 형태의 의료서비스가 시혜적인 방법을 통해 행하여졌을 것으로 보인다.

질환의 치료방법은 한방치료가 대부분으로 시술이나 수술보다는 주로 전통적인 약제를 이용한 치료가 대부분이었을 것이다. 국가를 통해 체계적으로 진료하고 치료한 기록은 찾아보기 힘들다. 진료도 주로 사회적인 혼란이 발생하는 질병이나, 구제차원의 시혜적인 구휼과 구빈의 성격 중심으로 이루어졌을 것이다.

삼국시대에는 초기 신라시대의 파진한기(波鎭漢紀)라는 관직을 가진 김무라는 의료인이 414년(실성왕 13년)에 일본 왕과 세자의 질병을 치료한 기록이 있다. 459년에는 고구려의 덕래(德來)라고 불리는 의료인이 일본에 파송되어 이름을 떨치었다고 전해온다. 백제에서는 553년(성왕 31년)에 의박사와 채약사를 일본에 파견하였다고 한다. 일본서기 19권에서는 「백제신집방」, 「신라법사방」, 「신라법사유관비밀요술방」의 삼국시대 의서가 인용되었다고 전해진다.

고려는 930년 태조 때에 서경에 최초의 의학교가 설립되었다. 958년에는 과거제를 통해 의료인이 관료로 등용되기도 하였다. 이에 따라 국가적인 조직과 체계를 갖춘 국가책임의 의료정책에 대응하는 측면으로 인식을 갖게 되었다.

고려의 문종과 성종 시대에는 태의감과 상약국이 설치되어 백성들의 전염병을 국비로 처리하였다. 문무고관의 질병을 치료하는 것이 주된 목적이었으나 1036년(정종 2년)에는 구료기관으로 동서대비원이 설치되었다. 1112년(예종 7년)에는 혜민국이 설치되어 약재 판매를 시작하였다. 충렬왕 때는 동서대비원에서 보호자가 없는 80세 이상의 노인을 구제하는 방안을 시행하였다. 충선왕 시기에는 동서대비원에 지원금을 주어 질병치료에 관심을 갖기도 하였다. 동서대비원은 조선 시대에 들어서 활인서(活人署)로 명칭이 바뀌어 질병치료를 하게 된다.

고려 시대에는 주로 불교의 약사불 신앙에 의지하여 의승(醫僧)에 의한 치료와 기도가 주로 행하여졌을 것으로 보인다. 도교의 방술에 의한 보양비법이나 종교의식에 의한 관 주도의 치료방법이 널리 전파되기도 하였다.

조선 시대에는 태종과 성종 때 의학이 발전하는 시기였다. 왕실의료를 담당하는 내의원, 보건의료행정과 의과고시 등을 시행하는 전의감, 백성 중

서민의료를 담당하는 혜민서의 삼의사와 활인원, 의녀를 배출하는 제생원, 치종청, 전형사(한약재) 등이 설치되고 의서가 편찬되었다. 향약이 보급되고 체계적으로 의원과 의원을 보좌하여 진료를 도와주는 의녀가 양성되는 시대이었다. 특히 출산 등 부인과 질병에 특화하여 산파라는 별도의 직종이 만들어지기도 하였다. 의원은 내의, 간병의, 초업의 등으로 3종류로 구분하여 급료가 다르게 지급되기도 하였다. 지방에는 의관, 심약(지방 향약채취담당), 의학교유(지방의학교육담당), 월령의가 배속되어 지방의료와 교육에도 의료의 기반을 마련하였다.

세종은 기민 등 약자의 지원과 질병치료에 관심을 갖고 한성부 동서활인원과 진제장에 의원 1명을 두어 염병 등 전염병을 막고 진휼과 의료를 행하였다. 조선 시대 연산군도 백성들의 질병치료에 관심을 보이고 사활이라는 의직을 신설하기도 하였다. 조선 시대 초기에는 약재의 재배와 보급으로 인하여 향약이 크게 발전하였다. 그러나 중국의 의술이 보급되기 시작하면서 향약서의 활용도가 낮아지고 크게 쇠퇴하는 시기를 맞이하게 되었다.

일제 강점기(1945년 해방 이전)에는 제2차 세계대전으로 인한 세계적인 불황을 겪는 상황에서 1927년 브뤼셀에서 사회보험회의가 창설되었다. 1933년에는 제17회 국제노동회의의 조약이 채택되어 노동자의 복리 증진을 위한 조약이 채택되었다. 1928년(4.22.) 일본에서는 일본 민정당을 중심으로 사회입법으로서 보험제도의 도입을 추진하고 있었다.

1930년(9.30.)에는 조선의 노동문제로 건강보험 등의 제 시설과 노동입법 등을 즉시 적용하라고 언급하면서 위생보험에 관한 문제를 거론하고 있다. 1927년 일본에 건강보험이 도입된 이후 1933년에 지역주민과 자영업자에 대한 서비스 확대방안이 논의되던 시기였다. 그 당시 1933년 6월 24일 동아일보 사설은 "국민보험 문제 조선에도 실시함이 여하"라는 주제로 질병으로 인한 경제적인 손실과 고통을 과학적인 기초하에 보호된다면 합리적인 방책이 될 것이라고 호소한다.

서설은 도입의 근거로는 질병상의 위험구제, 세계 제국의 제도 모방, 국민보건에 대한 사회성의 존재 확인을 위하여 실시되어야 한다고 주장한다. 시행상의 장애요인으로는 국가의 우유부단한 측면, 사업자의 고식된 사상, 의료기관의 분포상태가 처참하거나 희박한 상태여서 이용이 협소하다고 주장한다. 또한 감정적인 발로로 일본과의 질병률 차이 거론, 환경 열악하고 궁핍하며, 민족 장래의 암흑을 경고하면서 보건상의 협위를 청산할 것을 거론하였다.

나. 현대적인 출발

1977년 7월 1일 500인 이상의 사업장을 대상으로 의료보험을 의무적으로 시행되었다. 이 시기를 우리나라 건강보험의 시작 시점으로 본다. 그러나 건강보험 제도는 1963년 의료보험법이 제정된 이후 1977년 이전까지 전국에 걸쳐 의료보험조합이 시범 운영된 전력이 있다. 그 이전에 민간의 회원제 이용방식의 진료사업 시작이 있기도 했다. 일반 근로자의 병원 및 의원 이용이 매우 어려웠던 1955년 「의료보험법」 제정 前의 부산지역의 한 독지가가 '사단법인 부산노동병원'이라는 일종의 건강보험조합을 설립하여, 노동조합에 가입한 사람과 가입자의 직계존비속을 대상으로 질병치료를 시작했다.

조합원은 200환의 회비를 내고 회원증을 받아 노동병원을 이용하였다. 이용대상자는 약 38,000여 명에 이르렀다. 회원들이 질병이 발생했을 때는 회비를 잘 납부하였으나, 건강할 때는 회비를 잘 납부하지 않는 이른바 역선택(逆選擇) 현상이 발생하기도 하였다. 회원제 이용방식의 진료사업은 당시 국가기관의 지원 없이 병원 자체의 사업으로 이루어진 것으로서 우리나라에서 처음 나타난 의료협동조합의 형태를 가진 의료보험사업이라 할 수 있다. 사업 규모가 커지고 근로자의 병원이용율이 높아지면서 전국으로 확대하려는 취지로 '사단법인 한국노동병원'으로 병원 명칭을 변경하였다.

한국노동병원은 질병발생 빈도, 진료횟수 및 이환율 등을 조사 연구하였으며, 1959년 8월에는 '의료보장을 중심으로 한 한국의 사회보장 도입을 권고함'이라는 건의서를 정부에 제출하기도 하였다.

당시 나온 '사회보장제도 창시에 관한 건의'에는 의료보험 제도에 대한 구체적인 논의가 1959년 10월 보건사회부 의정국 주관 아래 '건강보험도입을 위한 연구회'라는 모임에서 시작된 것으로 나온다. 1960년 7월 동 연구회를 활성화하면서 외국 사회보장에 관한 많은 문헌과 자료를 수집하고 연구하여 그 결과를 발표하였다. 그 발표내용은 1961년의 '건강보험제도 5개년계획 시안'이었다. 특히 엄장현의 '의료보험도입에 관련된 문제에 관한 견해 및 예비권고'는 제도시행의 기초여건을 점검하고 예비적 구상을 밝힌 것으로서 의의를 지닌다. 또 의료보험의 도입을 위한 국가적 여건 등을 검토하면서 공식적인 조사연구위원단 설치를 언급하였으며, 이듬해 공식화한 사회보장제도심의위원회를 예고하는 것이기도 하였다.

정부에 제출된 '사회보장제도 창시에 관한 건의'의 주요 내용을 살펴보면,

사회보장제도는 한국의 여건상 장기보험보다는 질병, 산재, 분만 등 단기보험을 중심으로 전개되어야 한다고 건의하였다. 또한, 전 국민을 대상으로 실시하기는 어려우므로 공무원과 광공업계 생산업체의 종업원을 대상으로 하되, 우선 서울과 탄광지대인 장성 한두 지역부터 실시하는 시범사업을 추진하여야 한다고 제시하였다.

보건사회부의 일부 국이나 과에서 할 일이 아니라, 상공부·문교부·내무부·부흥부·재무부·입법계·학계로 이루어진 '사회보장심의회'를 만들어 추진해야 한다고 건의하였다. 적용단계로 처음에는 가족을 제외했다가 점차 가족을 포함하고 적용대상 기관도 공무원, 교원, 대기업 피용자에서 점차 중소기업 피용자로 확대한다는 내용이었다.

운영은 정부 감독의 반관반민 단체에서 담당하되, 의료보험과 산재보험 등 모든 사회보험사고를 망라하여 운영함이 바람직하며, 이는 각 보험사고의 경계설정이 곤란하기 때문이라고 언급하였다. 보험급여는 일반의를 보험의로 정한 다음 피보험자가 각각 선택한 보험의에 등록게 하고 등록된 피보험자 수에 따라 인두제로 진료보수를 지급한다. 행위별수가제는 과잉진료의 위험 등 부작용이 많고 전문의 이용은 일반의의 추천으로 병원급 이상에서만 이루어져야 한다고 제시하였다.

현금급여, 즉 질병, 분만 등으로 인한 수입 감소를 보전하는 상병수당제도를 평소 임금의 50% 수준으로 언급하였다. 사업에 소요되는 총경비는 임금총액의 7.5%로 설정하고 근로자, 사용주, 정부가 각각 2.5%씩 부담하는 것으로 검토하였다. 지출은 의료급여가 5.05%, 현금급여가 1.45%, 운영비 1.00%로 추계하였다.

다. 1962년 의료보험법 태동 준비

건강보험도입을 위한 연구회에서 '의료보험도입에 관련된 문제에 관한 견해 및 예비권고'를 통해 상설적인 보험제도 논의체의 설치를 주장하였다. 이러한 주장은 1960년 12월 민주당 정부(윤보선 대통령)에 의해 개최된 '전국종합경제회의'에서 구체화되었다.

건국 이래 최초의 대규모 종합학술회의에서는 사회보장제도를 도입하기 위한 제도연구기구로서 사회보장제도심의위원회(이하 사보심)를 설치할 것을 주장했고, 이 주장은 만장일치로 채택되었다.

이후 1962년 3월 20일 사회보장제도심의위원회 규정이 제정되었다. 그에 관한 주요 내용을 살펴보자. 보건사회부 장관의 자문에 응하여 사회보장제도에 관한 사항조사·심의하기 위하여 보건사회부에 사회보장제도심의위원회를 둔다. 위원회는 위원장, 부위원장 각 1인을 포함한 위원 20인 이내로 조직하되 위원장은 보사부 차관, 부위원장은 보사부 기획조정관으로 하며 기타 위원은 사회보장제도에 대한 학식과 경험이 풍부한 자 및 관계공무원 중에서 보사부 장관이 임기 1년으로 위촉 또는 임명한다. 위원장은 위원회에서 의결된 중요사항을 지체 없이 보사부 장관에게 보고한다. 위원회에는 15인 이내의 전문위원을 두어 사회보장제도에 관한 사항을 조사 연구케 한다. 전문위원은 공무원이 아닌 자로서 사회보장에 관한 학식과 경험이 풍부한 자를 보사부 장관이 임명해야 한다 등이다.

1963년 12월 16일 제정된 「의료보험법」(법률 제1623호)의 주요 내용은 다음과 같다.

(목적) 제1조 이 법은 사회보장에관한법률에 의하여 의료보험사업을 행함으로써 근로자의 업무 이외의 사유로 인한 질병, 부상, 사망 또는 분만과, 근로자의 부양가족의 질병, 부상, 사망 또는 분만에 관하여 보험급여함을 목적으로 한다.

(피부양자) 제2조 남자 60세 이상, 여자 55세 이상인 직계존속, 배우자(사실상 혼인관계에 있는 자를 포함한다) 및 미성년자녀로서 주로 그 근로자의 수입에 의하여 생계를 유지하는 대상을 말한다.

(임의설립·임의적용) 제8조 근로자는 이 법에 의한 의료보험에 가입할 수 있다. 제17조 의료보험에 가입한 근로자 300인 이상을 상시 사용하는 사업주는… 보건사회부 장관의 승인을 얻어 의료보험조합을 설립할 수 있다.

(임의탈퇴) 제10조 피보험자는 다음 각호의 1에 해당하는 사유가 발생한 때에는 그 사유가 발생한 날의 익일로부터 피보험자로서의 자격을 상실한다.

(보험자) 제12조 이 법에 의한 의료보험의 보험자는 의료보험조합으로 한다.

(보험급여의 종류) 제28조 이 법에 의한 보험급여의 종류는 다음과 같다.
1. 요양급여 2. 장제급여 3. 분만급여

(운영위원회) 제24조 및 25조 의료보험조합에 10인 이상 14인 이내의 운영위원으로 구성된 운영위원회(사업주가 1/2 선정하고 피보험자가 1/2 호선)를 두어 예산과 결산, 사업보고, 재산의 관리와 처분, 정관의 변경, 임직원의 보수, 보험료의 징수와 보험급여에 관한 사항, 조합의 운영에 관한 사항을 의결한다.

(국고보조) 제43조 국가는 매 연도 예산의 범위 안에서 대통령령이 정하는 바에 의하여 의료보험사업의 사무집행에 소요되는 비용의 전액을 보조하고 그 보험급여에 소요되는 비용은 그 일부를 보조할 수 있다.

(보험료) 제44조 ③항 보험요율은 임금액의 100분의 3 이상 100분의 8 이내의 범위 안에서 대통령령이 정하는 바에 의하여 보건사회부 장관이 정한다.

(피보험자 및 사업주의 보험료 분담) 제44조 ③항 보험료는 피보험자 및 그 피보험자를 사용하는 사업주가 대통령령이 정하는 바에 의하여 분담한다.

이와 같은 내용을 주로 하여 법률이 제정되었다.

1965년 의료보험법에 따른 최초의 임의 의료보험 설립은 사업주나 피보험자의 보험료 납부에 대한 미온적 태도와 사업비의 부족으로 더 이상 조합을 운영할 수 없는 상황이었다. 「의료보험법」에 의해 탄생한 제1호 조합은 '중앙의료보험조합'이었다. 「의료보험법」 제17조제2항에 의하여 현대병원이 주축이 되어 현대병원, 시사문화사, 풍진사업사, 소사신앙촌제사공사, 삼흥실업, 고려와사공업주식회사, 대한중석 서울제련소 등 7개 사업장이 공동조합 형태의 조합 설립을 신청하였다.

1966년 설립된 봉명광업소 의료보험조합은 적극적인 가입권장을 통해 전 종업원의 95%가 가입함으로써 거의 강제적용에 가까운 효과를 보았다. 이에 따라 이 조합은 보험료 수입과 급여지출의 측면에서 균형을 이루면서 임의 의료보험 가운데 가장 모범적인 사례였다. 임의적인 의료보험조합 설립이 주는 시사점은 사업주나 피보험자의 보험료 납부에 대한 미온적 태도와 사업비 부족으로 더 이상 조합을 운영할 수 없는 상태에 도달하게 된다는 점이다. 당시 법의 제정에도 자리 잡지 못한 사유는 의료보험법의 적용대상이 극히 일부였고, 임의가입제도를 택하였다는 점이다. 또 사회보험에 대한 낮은 인식으로 보험료에 대한 부담감 등으로 각 사업장이 의료보험 조합설립에 따른 시행내용을 수용하지 않았던 상황도 작용했다.

1968년 강제가입과 설립의 근거가 된 의료보험법 1차 개정 때는 1차 경제개발 5개년 계획이 순조롭게 진행되어 국민의 생활수준도 향상되고 의료보장에 관한 기대감도 지속적으로 상승하는 시기였다. 개정된 내용의 골자로는 임의가입방식의 자영자 의료보험 도입, 근로자·공무원·군인에 대한 강제가입 근거 마련, 군소사업장의 임의포괄적용, 의료보험조합중앙연합회의 설치 등이었다.

라. 의료보험통합과 국민건강보험공단의 설립

1998년 이후 추진된 의료보험제도 통합으로 전 국민을 포괄하는 '국민건강보험공단'이 단일보험자로서 기존의 139개 직장조합, 227개 지역조합, 공무원 및 사립학교 교직원 관리 공단의 조직·재정·기능을 하나로 통합한다. 따라서 공단은 기존의 개별 의료보험조합과 조합 연합체였던 '의료보험연합회'와는 그 기능과 법적 성격 면에서 완전히 다른 새로운 형태의 보험자 조직으로 출범하였다.

2000년 통합 이전에는 임금소득자, 자영업자 집단별 다수 보험자가 혼재하였다. 임금소득자 관리에는 공·교 공단(1개), 직장조합(142개)이 있었다. 도시·농어촌 주민 관리에는 시·군·구 지역조합(227개)으로 운영되었다.

1차 통합(1998.10.1.)에서는 기존의 227개 지역조합과 공·교 공단 통합하여 국민의료보험관리공단이 설립되었으며, 다수 직장조합은 별도 조합 형태로 운영되었다.

2차 통합(2000.7.1.)은 139개 직장조합과 국민의료보험관리공단이 통합하여 국민건강보험공단 출범하였고, 현재 국내 유일의 단일보험자로 운영되고 있다.

5. 보험급여제도 변천사

가. 의약분업

　백제에는 의학을 담당하는 의박사와 약초관련업무를 담당하는 채약사가 존재하였다. 이 제도는 일본에 파견할 정도였고, 비교적 틀에 잡힌 최초의 의약분업 형태라 볼 수 있다. 1962년 10월 기준 서울시 소재 100가구에 대한 조사결과 전체 가구의 2/3가 가족 중 질병이 있었고, 이들 중 2/3가 치료와 투약을 받았는데 80%가 약국 이용이 주를 이루었다.

　의약분업이 처음 논의된 것은 1963년 약사법 개정 시기였다. 이 당시 약사법 전문에 의약분업의 원칙이 규정되어 있었으나 부칙조항에서 의사의 직접조제를 허용하여 사실상의 시행이 유보되었다. 1965년부터 1969년까지 국회 보건사회위원회의 권유로 의약분업 추진을 위한 위원회가 구성되어 논의하였으나 결실을 맺지 못하였다.

　1977년 5월 30일에는 의료보험 시행을 앞두고 의사협회와 약사회가 점진적 의약분업 실시에 합의하고 의약분업을 부분 시행하였지만 일선에서는 거의 시행되지 않았다. 수가로는 의사 처방료 150원, 약사조제료 100원을 신설하였고 시행이 잘되지 않아 약사회는 완전의약분업을 주장하기 시작하였다. 1984년 5월부터 8개월간 목포시에서 강제분업 시범사업을 실시하였으나 성공적으로 전개되지는 못하였다.

의료보험이 시행되면서 의료수가와 약값의 진료비는 관행수가보다 25-45% 낮춘 선을 기준으로 하였다. 약가는 공장도 가격에 12%의 이윤을 붙였으며, 시중소매가보다 30% 낮은 수준이었다. 초진료는 800원, 재진료는 500원, 입원실료는 1,300원이었다. 전체 진료비는 지역별로 차이가 나는 외래병원관리료, 약값 및 조제료, 각종 진료행위별 수가가 가산되어 책정하도록 하였다.

나. 건강수가제도(비용 결정)

건강보험의 행위별 수가제(fee for service)는 요양기관(병의원)에서 가입자에게 제공한 의료행위, 약재, 치료재료 등 의료서비스에 대해 서비스별로 가격(수가)을 정하여, 사용량과 가격에 의해 진료비를 지불하는 방법으로, 의료보험 제도 도입 당시부터 채택하고 있다. 또한 행위별 수가제의 보완 및 의료자원의 효율적 활용 측면에서 '질병군별 포괄수가제(DRG: Diagnosis Related Group)'와 '정액수가제(요양병원, 보건기관)' 도 병행하여 실시하고 있다.

수가 보상방법의 변천 과정은 1977년에 수가보상에 점수제를 도입하였다. 일본의 점수제를 기준으로 '물(약, 치료재료)'과 '기(기술, 행위)'로 분류하여 의료행위를 구분한다. 진료행위의 난이도, 빈도, 소요시간 등에 의한 기준가치 배점을 고정하고, 원가상승 등 변동요인에 따라 1점당 가격을 변경한다. 의료행위에 각각에 상대점수를 부여한 후 점당 10원으로 환산지수를 정하여 고시한다.

1981년 6월에는 환산지수의 폐지 및 점수의 수가화로 금액제를 도입하였다. 2001년부터는 상대가치제를 실시하였다. 의료행위별 업무량과 진료비용, 위험도를 고려하여 점수화하였으며, 수가계약제가 실시되었다.

2002년에는 요양기관의 자발적인 참여를 원칙으로 질병군별 포괄수가제를 시행하였으나 2007년부터는 유형별 수가계약제를 실시하였고, 수가적용은 2008년부터 시행하였다. 2009년에는 신 포괄수가제도 시범사업을 시행하였다. 2008년에서 2012년에 신상대가치 점수의 단계적 도입을 시작으로 하여 2008년부터 매년 20%씩 반영하여 현재는 100%가 반영된다.

상대가치점수란 의료행위(요양급여)에 소요되는 시간·노력 등의 업무량, 인력·시설·장비 등 자원의 양, 요양급여의 위험도 및 발생빈도를 종합적으로 고려하여 산정한 가치를 의료행위별로 비교하여 상대적인 점수로 나타낸다. 점수당 단가(환산지수)는 상대가치점수를 금액으로 바꾸어 주는 지표이다. 이는 매년 계약으로 결정되어진다. 1977년 의료보험 도입 당시의 수가는 관행수가를 사용하거나, 외국의 수가를 참고하여 만들어진 것으로 객관적인 근거가 부족하고 항목별, 진료과목별 불균형이 존재하였다.

1994년 의료보장개혁위원회의 건의에 따라 미국의 상대가치점수(자원기준 상대가치, RBRVS)를 벤치마킹하여 1997년에 점수개발을 완료하였다. 2001년 1월 상대가치체계를 처음으로 도입하였으나 현재에 이르러서는 의학기술 발전이나 의료경영환경의 변화를 제도로 반영하지 못 하고 있는 실정이다. 의과 및 치과의 수가제정은 1977년 7월에 총 763개의 항목을 고시하였다. 한방의 수가제정은 1884년 11월에 96종의 한약재로 조제할 수 있는 63개의 한방처방 기준을 고시하였고, 1987년 2월 한방의료보험이 전국으로 확대되었다. 약국수가는 1989년 10월에는 의사의 처방전 없이 직접 조제가 가능한 2,340여 종의 내복약을 고시하였다.

다. 주제별 수가 변천

① 요양기관 종별가산율[1]

종별가산율은 병원 규모가 클수록 그에 따른 인건비, 시설 및 장비, 설치비, 관리운영비가 상대적으로 더 지출되는 현실을 감안하였다. 한편으로는 요양기관 종별에 따른 의료전달체계의 효율적 운용 및 대학병원 등의 의료기술 및 의학발전을 위한 연구투자 기피 상황 방지도 고려하였다. 따라서 요양기관 종별 규모에 따라 시설, 인력, 장비 등의 투자비용 등을 고려하여 1977년 7월 1일 의료보험 실시 당시에는 의료기관 종별

---

1) 요양기관 종별가산율이란?

요양기관 종류에 따라 처치, 검사 등 행위 부분에 대한 비용의 일정비율 가산하여 지급하는 것을 말한다. 요양기관 종별에 따라 처치, 검사 등 행위에 대한 비용의 일정 비율로 가산된다.
약국 및 한국희귀의약품센터, 조산원, 보건소, 보건지소, 보건진료소 및 「의료법」 제35조에 의한 사업장부속 요양기관은 종별가산율이 제외된다.

과 인구수에 따른 서울, 대도시, 중소도시, 농어촌으로 구분하여 차등 적용되었다. 1979년 1월 1일부터 대도시는 인구 50만 명 이상, 기타지역은 인구 50만 명 미만으로 하여 의료기관 종별과 대도시 및 기타지역으로 이분화되었다.

1981년 6월 15일에는 의료 인력의 지방 근무 기피 현상과 지방교통의 발달로 전국 일일생활권이 형성됨에 따라 대도시와 기타지역 이원체제를 일원화하였다.

국공립 치과대학부속 치과진료과·부에서 치료받으면 진료가 20% 가산되는 반면 사립 치과대학부속 치과병원에서 치료받을 경우 가산율이 10%로 상이하여 형평성 문제가 대두되었다. 1983년 10월 1일부터는 치과대학부속병원 또는 의과대학부속병원 내 특수 전문병원(보건사회부 장관 인정)은 종합병원과 같이 20%를 적용하였다.

1989년 7월 1일 전 국민 의료보험 실시로 의료전달체계가 시작되면서 요양기관 종별가산율이 변동되었다. 3차 진료기관의 안과, 이비인후과, 피부과, 가정의학과 및 재활의학과의 5개 진료과 이외에는 3차 진료기관에서의 1차 진료를 차단함에 따른 보상으로 3차 진료기관(종합전문요양기관) 종별가산율이 20%에서 30%로 상향 조정되었다. 3차 진료기관(종합전문요양기관) 종별가산율이 상향 조정됨에 따라 그 외의 진료기관도 종별가산율 상향조정을 요구하여 각각 3%씩 가산되었다(종합병원 20%→23%, 병원 10%→13%, 의원4%→7%).

1995년 12월 10일에는 의료법 개정 등에 따른 요양기관 종별 가산적용 기준 변경 및 명시로 인하여 종합병원의 병상 수가 80병상에서 100

병상으로 변경됨에 따라 3월 이내 동 기준에 적합하지 않은 경우 병원급 가산율(15%)로 하향되는 규정이 신설되었다. 또한 병원과 보건의료원에 의원급 가산율 10%를 산정하도록 명시하였다.

1997년 8월 1일 요양병원이 의료법에 의해 요양기관으로 포함되어, 정신요양병원은 요양기관 종별가산율 적용에서 제외됨을 명시하였다. 의료기관 종별 기준에 적합하지 아니한 요양기관의 경우 3월 이내의 범위 내에서 기간을 정하여 시정하도록 하고 동 기간 내에 시정하지 아니한 경우 종료 다음 날부터는 적합한 종별가산율을 적용토록 변경하였다.

1999년 5월 8일 「한방지정진료에 관한 규칙」이 폐지됨에 따라 가산율 23%를 적용하던 한방병원에 대하여 허가병상 30병상 이상, 한방 6개과가 설치되어 있는 한의과대학부속 한방병원으로 기준이 명시되었다.

2000년 4월 1일에는 종합전문요양기관은 30%로 현행 유지하고, 종합병원 23%에서 25%, 병원은 17%에서 20%, 의원은 13%에서 15%로 요양기관 종별가산율이 상향 조정되었다.

* 2010.1.31.부터 의료법 개정에 의해 '종합전문요양기관'은 '상급종합병원'으로 명칭 변경

② 각종 가산제도

ㄱ. 야간·공휴 가산

야간 또는 공휴일에 국민의 의료서비스 이용 접근성을 높이고 요양기관의 진료 활성화를 목적으로 시행하고 있다. 1977년 심야진료(22시~05시)시 초·재진료 소정점수의 50% 가산을 시작으로, 정책방향

이나 재정 여건 등을 고려하여 시간대 및 가산비율을 탄력적으로 운영해 오고 있다. 사례를 들면 마취료, 처치수술료, 조산료, 캐스트료, 등에 가산이 적용되기도 한다.

- 치과 83.10월 가산 시작, 가산율 30%, 이후 의과와 동일 가산율 적용한다.
- 한방 84.12월 급여 개시, 가산율 30%, 이후 의과와 동일 가산율 적용한다.

ㄴ. 연령 가산(소아 가산)

진료에 투입되는 자원의 양 및 기술의 어려움 등을 고려하여 소아에 대한 가산을 적용한다. 예를 들어 만6세 미만의 진찰료, 입원료, 검사료, 영상진단 및 방사선치료료, 투약 및 조제료, 주사료, 마취료, 캐스트료, 치면열구전색술, 침·구·부항술 등에 적용된다.

ㄷ. 전문의 인력 가산

의료서비스의 질적 향상과 적정진료를 유도하기 위하여 특정 진료과목 전문의로 실시 인력 요건을 별도로 정하거나 고시된 수가에 일정 비율을 가산한다. 예를 들면, 진단검사의학과, 병리과에 의한 검사를 해당 전문의가 시행 시 수가를 가산한다. 수가 가산은 없으나 해당 전문의 시행 시에만 인정하는 항목으로는 평형 기능검사는 신경과 이비인후과 검사를 해당 전문의가 시행할 경우에만 인정한다.

전문의 가산 인력은 검사료는 진단검사의학과 및 병리과 전문의, 영상진단 및 방사선 치료료는 영상의학과 전문의, 마취료는 마취통증의학과 전문의, 이학요법료는 재활의학분야 전문의, 정신요법료는 정신과 전문의, 처치 및 수술료는 흉부외과 전문의 가산 등이 있다.

ㄹ. 기타

건강보험 수가 주요 개정이력은 「진료수가기준」 제정고시(보건사회부 고시 제16호, 1977.7월)부터 「건강보험 행위 급여·비급여 목록표 및 급여 상대가치점수」 고시를 통하여 다양하게 개정되고 있다.

향후에는 예비급여라는 선별방식이 도입될 예정이다.

6. 의료급여제도의 이해

가. 의의

의료급여제도는 생활유지 능력이 없거나 생활이 어려운 저소득 국민의 의료문제를 지원하고, 질병으로 인한 빈곤을 방지하기 위하여 국가가 보장하는 공공부조제도로서 국민건강보험과 함께 국민의 의료보장을 담당하는 중요한 사회보장제도이다.

① 의료급여의 개념 및 목적

의료급여법. 제1조(목적) 이 법은 생활이 어려운 사람에게 의료급여를 함으로써 국민보건의 향상과 사회복지의 증진에 이바지함을 목적으로 한다.

② 의료급여제도란

생활유지 능력이 없거나 생활이 어려운 저소득 국민의 의료문제를 국가가 보장하는 공공부조이다. 이들에게 발생하는 의료문제 즉, 개인의 질병, 부상, 출산 등에 대해 의료서비스(진찰, 검사, 치료등)를 국가가 제공한다.

나. 발전 과정

의료급여제도는 1977년 1월에 「의료보호에 관한 규칙」이 제정되어 생활보호의 한 부분으로 의료보호사업이 시작되었다. 1977년 12월에는 사회적 취약계층에 대한 의료보호 내용과 방법을 명확히 규정하기 위하여 독자적인 「의료보호법」이 제정되었다. 그 이후에도 수차례 법 및 수가 등을 개정하여 대상자 및 의료급여의 범위가 확대되는 등 발전을 거듭해 왔다. 2001년 5월 「의료급여법」으로 전면 개정하여 수급권과 권리성을 부각시키는 한편 그간 진료비 지급의 일관성 결여에서 비롯되는 행정적인 문제점을 국민건강보험공단에 위탁함으로써 취약점을 보완하였다. 또한 수급권자의 선정에 있어서도 소득을 기준으로 일괄 선정하지 않고 진료비 부담이 큰 희귀난치성질환자를 선정하도록 하는 등 질적인 발전을 거듭해 오고 있다.

다. 주요 변천사

1961년 12월 「생활보호법」 제정, 1977년 12월 「의료보호법」 제정, 1979년 1월 「의료보호법」에 따른 의료보호 실시, 1986년 1월 의료부조(자활보호대상유사자) 실시로 1차 진료비용은 진료비의 1/3을 의료보호기금에서 부담하였고, 2차 진료 시에는 진료비의 40%~60%를 의료보호기금에서 부담하였다. 1995년 1월에는 의료보호기간이 180일에서 210일로 연장되었으며, 매년 30일씩 연장하여 2000년 7월에는 보호기간 제한이 폐지되었다. 1999년 9월 「국민기초생활보장법」 제정, 2001년 5월 「의료보호법」을 「의료급여법」으로 전면 개정하였다. 2001년 10월 의료급여비용 지급업무를 국민건강보험공단 위탁하였다. 그동안 의료보호기간 제한이 잠시 폐지되었으나, 2002년 1월 연간 의료급여일수 365일 상한제를 도입하였다. 이때 만성질환자는 30일 추가와 1종 수급권자 식비 일부 본인부담제가 실시(1식 당 680원) 되었다. 2003년 1월 본인부담금보상금제를 실시하여 2종 수급권자 입원 시 매 30일간 30만원 초과금액의 50%를 보상하였다.

2004년 1월 본인부담률 인하 및 수급권자 범위 확대(의료비 과부담 계층)로 본인부담률 인하(20%→15%), 본인부담보상금 기준금액 변경(30만원→20만원), 차상위 대상(희귀난치성질환자) 의료급여 확대가 이루어졌다.

2005년 1월에는 의료급여 수급권자 추가 확대실시로 1종 의료급여 수급권자에는 18세 미만의 입양된 아동, 2종 차상위 의료급여 수급권자는 소득인정액을 충족하는 가구의 12세 미만 아동, 희귀난치성질환 확대는 74개 질환에서 98개 질환으로, 자연분만 및 신생아에 대한 입원진료 시 본인부담금 면제가 시행되었다. 2005년 4월부터는 전동휠체어, 전동스쿠터 등 장애인보장구 급여범위 확대 되었다. 2005년 11월에는 암 등 중증질환자 본인부담금 경감(차상위 2종 수급권자는 15%→10%, 9월부터 소급적용), 2006년 1월부터는 6세 미만의 아동 입원진료 시 본인부담금 면제, 2006년 2월 급여범위 확대로는 차상위수급권자 18세 미만의 아동까지 확대와 희귀난치성질환 확대(98개→107개)가 시행되었다.

2007년 2월부터는 의료급여 1종 수급권자 본인부담금 완화로 본인부담보상금 기준금액 인하(20만원→2만원), 본인부담금상한제 기준금액 인하(매 6월간 120만원→매 30일간 5만원)가 시행되었다. 2007년 3월 가정산소치료 요양비 지급(2007.4.28.), 2007년 7월 1종 수급권자의 외래진료 시 본인부담제 및 선택병의원제를 실시하였으며, 1종 수급권자 건강생활유지비 지원(6,000원)하였다.

2008년 2월에는 18세미만 국내 입양아동 건강보험증 등재 사전지원방식(2008. 2.1.)에서 사후지원방식(2008.3.1.)으로 변경하였다. 2008년 4월 차상위 의료급여 1종 수급권자를 건강보험 전환(2008.4.1.)하였으며, 희귀난치성질환자 1만8천명이 수급권자에서 제외되었다. 2008년 10월에는 만성신부전증 환자 자동복막투석 소모성 재료 구입비용 지급은 1일 5,640원을 요양비로 지급하였다. 2008년 12월 의료급여 수급권자 임신·출산 진료비 지원(2008.12.15.)사업으로 임산부에 대한 초음파 검사비용 등 산전 진찰에 소요되는 비용으로 1인당 20만원(1회 최고 4만원, 최소 5회 사용 가능)지원하게 되었다.

2009년 3월에는 의료급여 2종 수급권자 본인부담금 완화 방안으로 본인부담보상금 상한제 기준금액 변경(120만원→60만원, '09.1.1. 적용)과 입원 본인부담률 인하(20%→15%, 2009.6.1. 적용)가 실시되었다. 2009년 4월 차상위 의료급여 2종 수급권자 건강보험 전환(2009.4.1.)으로 만성질환자 및 18세 미만 아동(21만4천여명)이 의료급여에서 제외되었다. 2009년 12월 중증질환자 본인부담률 인하(10%→5%)와 중증환자 식대 본인부담률 5% 인하가 시행되었다. 2010년 1월에는 행복e음(사회복지통합관리망) 개통되어 업무 전산화가 시행되었다.

　2010년 3월 1일에는 임신·출산 진료비 지원범위 확대(출산예정일+15일→출산예정일+60일) 연장되었고, 2010년 9월 7일부터는 임신·출산 진료비 지원액 30만원으로 인상하였다. 2010년 12월 1일에는 의료급여 희귀난치성질환자 등록제 실시되었다.

　2011년 4월 1일에는 임신·출산 진료비 지원범위 확대로 임신·출산 진료비 지원액 40만원으로 인상되었고, 임신·출산 진료비 1일 사용가능한 범위 6만원으로 확대되었으며, 분만을 위한 입원진료 시 1일 사용범위 제한이 폐지되었고, 제1형 당뇨병 소모성재료 요양비 지급(300원/개, 1일 4개까지)이 시행되었다. 2012년 4월 1일부터는 임신·출산 진료비 지원범위 확대로 임신·출산 진료비 지원액 50만원으로 인상하였으며, 임신·출산 진료비를 분만의 경우에 한하여 조산원에서도 이용이 허용되었다.

　2012년 6월 7일에는 노숙인 의료급여 1종 부여로 노숙인 진료시설 진료 시 본인부담금 면제가 시행되었다. 2012년 6월 11일에는 에이즈질환자 희귀난치성질환자 선택등록제가 시행되었다. 2012년 7월 1일부터는 75세 이상 수급자에 대한 완전틀니 의료급여 적용 시 본인부담금 1종 20%, 2종 30%로 적용되었다. 2012년 7월 1일 다태아 임신·출산 진료비 70만원으로 지원범위 확대, 2012년 10월 1일부터 75세 이상 레진상 완전틀니 수급자에 대한 유지관리행위 의료급여 적용 시 본인부담금 1종 20%, 2종 30%로 시행되었다.

2013년 4월 22일에는 임신·출산 진료비 이용기관을 한방의료기관으로 확대 적용하여 이용권의 1일 6만원 사용 한도가 폐지되었다. 2013년 7월 1일 의료급여 틀니 급여범위 확대(완전틀니→부분틀니 추가), 의료급여 치석제거 실시는 만20세 이상 후속처치 없이 치석제거만으로 치료가 종료되는 환자(연 1회)가 적용되었다. 2013년 8월 1일에는 중복투약 약제비 전액 본인부담 부과대상에 선택의료급여기관 이용자를 포함하고, 암환자 등 중증질환자 제외, 2013년 10월 1일부터는 의료급여 중증 및 희귀난치성질환자 산정특례제도를 시행하여 중증질환자는 희귀난치성질환자와 지원혜택 일원화(본인부담 면제, 본인 1종 자격 부여, 절차 예외, 질환군별 급여일수 산정)가 시행되었다. 희귀난치성질환자는 가구원 전원이 아닌 본인에게만 1종 자격 부여하였고, 인정상병 확대(107개→141개), 장기이식환자는 건강보험과 같이 희귀난치성질환자에 포함하였고, 중증암환자는 기존 희귀난치성질환 및 중증질환에 중복 해당되었던 백혈병(C90-96) 및 악성신생물(C00-C86.5, C88, C97, D00-D09)은 희귀난치성질환에서 제외되며 중증질환으로만 적용되었다. 2014년 2월 1일에는 희귀 대상자 확대, 2014년 7월 1일 치과 임플란트 확대, 2016년 7월 1일부터는 노인틀니 급여적용 연령이 만65세 이상으로 시행되고 있다.

건강보험과
노인장기요양보험의
이해와 활용

3장

현재의 건강보험제도

　우리나라 건강보험의 특성은 사회보험으로서 국가가 일정한 요건에 해당하는 대상자에게 법률에 따라 가입을 강제하는(국민건강보험법 제5조 및 제6조) 공적보험이다.

　운영에 소요되는 필요한 비용은 소득능력에 따라 보험료를 차등적으로 부과하여 재원을 마련하고 있다. 보험료를 납부하지 않을 경우에는 법률에서 정하는 규정에 의하여 강제적인 방법으로 징수한다. 보험료를 체납할 경우에는 국세징수법절차를 준용한다.

　자연발생적인 질병과 부상으로 인하여 의료적 필요가 발생하는 경우에는 차별없이 균등한 의료혜택을 받는 공평한 의료보험이다. 운영은 국민건강보험공단을 보험자로 규정하고 있으나, 의료제도나 정책은 보건복지부 장관이 보험운영 전반에 관하여 감독과 통제를 하고 있다.

　건강보험제도에 수반되는 정책적인 중요한 의사결정은 보험자와 정부와 의료계 간 위원회를 통한 회의체나 협의체를 통하여 주로 결정된다. 보험료율의 결정, 수가 및 약가의 급여대상 등 운영에 필요한 방법 등을 결정하게 된다. 지금의 의사 결정기구로는 건강보험정책심의위원회가 있다. 다양한 욕구가 분출되는 오늘날에는 위원회의 역할과 참여가 공정하고 합리적인 방법으로 운영이 되어야 건전하고 발전적인 한 방향으로 나아갈 수 있다.

건강보험의 발전을 모색하기 위하여 정책적인 판단을 할 경우 보험자가 수행해야 할 역할과 기능 강화, 재정책임의 관리 측면에서 살펴보아야 한다. 운영에 있어서는 효율과 기능을 우선 염두에 두어야 한다.

지금의 보험료 부과 방법은 직장가입자와 지역가입자 간에 서로 다른 방법으로 운영되고 있다. 직장가입자는 보수와 관련한 소득중심으로, 지역가입자는 재산보유중심으로 부과되고 있다. 지역가입자의 경우에 부과재원의 적용 요소(성, 연령, 자동차 등) 문제로 인하여 많은 갈등과 국민 불편사항이 항시 제기되고 있다. 소득일원화 중심으로 부과방법을 통일시켜 일원화하자는 논의가 2000년 단일보험자로 통합 한 이후인 지금까지 계속되고 있는 쟁점사항 중의 하나이다.

급여 보장성 측면에서는 국민의료비 대비 공공지출 비율이 20009년도 OECD 평균 71.8%이나, 우리나라의 경우는 58.2%로 보장률이 아주 낮은 수준으로 유지되고 있다.

낮은 보장률로 인하여 보험적용이 안 되는 고가의 검사비, 신약, 신의료기술, 특별진찰료, 간병비용, 각종 중증질환에 등에 대하여 많은 정책 논의가 진행되고 있다. 특히, 재난적인 의료상황으로 인한 가계파탄 방지를 위해 절대적인 보장성 강화 대책을 마련해야 한다는 국가책임제를 강조하고 있다.

최근 노인의료비 및 만성질환 진료비 증가로 인하여 보험재정에서 지출되는 부담이 증가하고 있다. 2011년의 경우 노인의료비는 15조 3,768억 원으로 전체 진료비 중 33.3%를 차지하는 등 고령화로 인한 노인의료비 비중이 지속적으로 증가하고 있다.

또한 만성질환으로 인한 급여비용도 2002년 대비 2010년에는 2배 수준으로 증가하는 등 비용증가에 따른 장기적인 대책 마련이 요구되고 있다. 만성질환의 지속적인 비용절감을 위해서는 노인의료와 장기요양 운영에 있어서 상호 연계가 필요하다. 특히, 요양병원 이용자가 급격히 증가하고 있다. 장기요양 수혜자와 노인성질환의 경계에 있는 환자를 사이에서 상호 연계되는 치료방법이 제도적으로 미흡하다. 의료영역인 질병으로 인한 입원치료와 장기요양보험제도에서 요양을 받는 경우 서비스 제공에 대한 구분이 모호한 경우가 존재한다.

요양을 주로 하는 수급보호시설과 치료중심의 병원이 본연의 기능에 따라서 제공되는 서비스가 적절히 연계되고 있지 못하기 때문이다. 따라서 간병비용 등 본인부담비용증가는 물론 입원치료, 간호, 간병, 수발방법이 본래의 취지와는 다르게 운영되거나 서비스 제공형태가 변질되고 있다.

또한 치매 환자 증가로 인하여 의료와 요양의 경계선에 있는 노인들은 치료와 요양이라는 간호와 간병 수발이라는 이용 측면에서는 동시 이용이 곤란하여 불편을 겪거나 서비스 이용 시에 사각지대가 발생하고 있다.

경증 치매노인의 맞춤형 돌봄사업은 대부분 지방자치단체가 관장하고 있다. 노인의 치매의 경우 요양서비스는 주로 민간시설에 의하여 운영되고 있다. 일선 현장에서는 서비스 제공 자원이나 시설 간에 중복현상이 나타나고 있다.

우리나라의 건강보험제도는 여러 가지 몇몇 숙제를 지녔음에도 불구하고 적은 재원으로 운영되는 보편적이고 접근성이 좋은 제도로서 긍정적인 평가를 받고 있다. 최근에는 이러한 우리나라의 건강보험제도의 장점을 배우고 싶어 하는 국제적인 관심이 표출되고 있기도 하다. 글로벌시대를 맞이하여 우리나라의 건강보험제도가 건강보험 수출을 통한 국가위상 제고 및 국부창출이라는 절호의 기회로 부상하고 있는 셈이다.

건강보험공단이 여는 국제연수과정에 매년 20여 개국이 참여하여 참여국이 점차 증가하는 상황이며, 이 과정은 지난 11년간 53개국에서 476명이 수료하였다. 또한 공적개발원조(ODA) 사업의 일환으로 건강보험제도 구축 지원 및 컨설팅 사업으로 베트남 정부의 전 국민 건강보험 달성을 위한 전략과 제도개선에 자문역할을 수행하고 있다. 정부 대 정부(G2G) 사업으로는 오만 등에 건강보험 제도 도입 지원을 추진하고 있다.

우리나라 건강보험제도가 주목받는 주요 이슈는 앞으로 UN에서 추진하게 될 '보편적 건강보장'의 롤 모델이라는 목표에 매우 접근되어 있기 때문이다. 그 이유를 살펴보면 첫 번째 12년이라는 단기간에 전 국민 건강보험 달성하였다. 둘째, 77년 건강보험 도입 당시 우리나라 1인당 국민소득 1천불, 89년 전 국민 건강보험 달성 시 5천불 수준 정도여서 이와 비슷한 경제수준인 개도국 입장에서는 자신들도 우리처럼 전 국민 건강보험 실현이 가능하다고 믿기 때문에 우리나라 제도를 롤 모델로 인식하고 있다. 세 번째, 조세방식이 아닌 사회보험방식으로 운영하여, 재정이 취약한 개도국에서 재정상황에 유연하게 대처할 수 있는 적합한 모형으로 평가받고 있다. 네 번째, 국민건강보험공단이 보유한 빅데이터는 국제적인 관심이 커질 것으로 보인다. 빅데이터를 활용해 만성질환자를 위한 개인별 맞춤형서비스, 지역별 보건의료지표 등을 개발하여 질병예방 및 건강증진체계 강화에 힘쓸 수 있는 기반조성이 될 것이라는 전망 때문이다. 또한, 민간과 공공이 빅데이터를 활용할 수 있는 플랫폼 개발이 추진 중이어서 활용도가 향상될 것으로 기대한다.

이제 우리는 UN의 보편적 건강보장을 이라는 글로벌 목표를 향해서 적극적으로 나서야 한다. 의료와 보건제도의 해외수출도 활발해져야 한다. 수출을 통해서 글로벌화 실현이 가능하고 국가의 위상이 한층 높아질 수 있다. 활용도가 향상될 경우 연관되는 각종 산업들의 해외 진출도 활발해질 것이다.

우수한 의료자원을 가지고 있는 우리나라에 진료를 받으러 방문하는 외국 환자의 의료쇼핑 증가에서도 이런 가능성을 엿볼 수 있다. 결국 이는 의료에 활용되는 각종 전산장비와 전산시스템 등 IT산업 발전, 의료장비, 의약품, 병원플랜트 수출 등 보건의료 산업의 해외 진출 확대의 기회로 삼아야 한다. 이로 인하여 양질의 일자리와 막대한 국부의 창출로 이어지는 블루오션이 될 수 있으리라 기대된다.

이제 건강보험제도의 글로벌화를 위해 과거와 현재를 거울삼아 활용이 가능한 실용적인 매뉴얼을 정비해야 한다. 그러려면 단계적으로 전 국민 건강보험 적용 대상을 확대하는 과정에서의 고민했던 시대상황과 성공요인을 체계적으로 매뉴얼화 할 필요가 있다. 정비된 매뉴얼을 통해 수출상품화를 시도하고 그 나라 실정에 맞게 조정하여 설계방법을 제공한다면, 개발도상 국가들도 조기에 전 국민 건강보험을 추진할 수 있다는 확신을 심어줄 수 있을 것으로 보인다. 또한, 반세기를 맞이하는 우리 건강보험제도의 취약점을 시급히 보완하여야 한다. 보완을 통해 벤치마킹을 희망하는 외국 국가의 청사진이 될 수 있도록 준비해야 한다.

1. 시사점

가. 가입자와 공급자 관점

　질병으로 병원을 찾은 환자들은 치료를 받고도 자신의 질병 상태가 별로 나아지지 않았다고 느낀다. 증상이 예전 그대로여서 질환이 치료되지 않은 것만 같다. 이 때문에 다시 병원을 찾아 다녀야 하고 이는 의료비용에 대한 부담을 수반한다. 질환으로 인한 가입자의 잦은 내원은 공급자(병원)의 치료과정에서 환자가 직접 느끼게 되는 갈등현상이다.
　환자는 어떤 검사방법인지도 잘 모르는데 이것저것 병원에서 요구하는 각종 검사를 받아야 한다. 각종 고가의 영상 장비를 이용하여 검사를 받을 경우에는 건강보험이 적용되지 않아 검사비용을 환자가 전액 부담하는 일도 자주 발생한다. 현재 건강보험 적용이 안 되는 검사가 많아 생기는 문제이다. 병원에서 진료상담 때부터 보험적용 안 된다고 설명했으면 검사를 안 받았을 수도 있었다. 환자는 치료 중간이나 퇴원 시에 진료비 청구서를 보고서야 건강보험 미적용 검사가 있었음을 주로 인식하게 된다. 비용부담문제로 인하여 상호 갈등이 발생한다. 사전에 소요비용이나 검사정보 안내 등 의사소통이 있었다면 갈등은 어느 정도 줄이거나, 조정할 수 있다.

환자가 공급자(의료인)에게 요구하는 치료법은 증상의 완화나 완치에 초점이 맞추어져 있다. 환자들은 명의에게서 치료받기를 누구나 희망한다. 즉 완벽한 치료를 원하는 심리가 내재해 있다. 하지만 환자가 원하는 의술을 지닌 이상형의 의사에게 접근하기는 참으로 쉽지 않다. 환자와 공급자가 빈번한 정보공유를 통해 함께 해결하고 노력할 때만이 환자를 잘 아는 전문의(단골의사)를 만날 수 있을 것이다.

누군가 의료서비스를 받았다면 주변 사람들이 다른 의료기관의 서비스와 정보를 전해주기 마련이고, 이를 듣는 사람은 자신이 이용한 의료기관과 상대비교를 하게된다. 그리고는 의료서비스 제공자나, 입원시설 등 의료적 공간에서 차별적 대우를 받는다고 느끼는 경우가 발생한다. 즉, 자신이 받은 의료서비스에 문제나 차별이 있다고 믿게 된다. 이런 경우는 인식의 차이와 주관적인 사고에서 오는 정신적 차별감으로 나타난다. 때로는 정신적인 경험에 의존하는 스키마현상(자신만의 지각 모델)이 늘 기억 속에 남아 있게 된다.

의료 환경에서는 종종 실수나 오류에 의한 서비스제공이 실패로 이어지는 현상이 나타나기도 한다. 심하게 밖으로 표출되어 예기치 못한 중대한 의료사고가 발생하기도 한다. 사고발생 시 발생한 장소 내에서 자체적으로 해결하는 방법이 가장 좋은 해결책이다. 그렇지 못할 경우에는 제도적으로 갈등을 조정하는 의료사고분쟁조정위원회의 조정중재를 받을 수 있다.

나. 보험자와 가입자의 상반된 이해

　가입자 대부분은 현재의 소득수준과 생활형편보다 매월 내야 하는 보험료가 너무 많다고 느낀다. 매달 납부해야 하는 보험료 기준이 무엇이든지 간에 보험료는 비싸다는 생각이 든다. 또 생활형편이 어려워지고 소득이 감소한 경우 보험자(공단)에게 보험료를 줄여달라고 요구하나, 소득이 증가했을 때는 더 높이 책정하여 달라고 요청하지 않는다.

　가입자는 그때그때 보험료를 산출하는 기준을 적용하여 현재의 어려운 상황을 즉각적으로 반영하여 주기를 원한다. 보험자인 공단은 매월 개인의 생활과 소득 변동 상황을 고려하여 보험료 부과 기준을 변경하여 적용하기란 현실적으로 매우 어려울 것이다.

　개인의 입장으로 볼 때 현재 부과기준의 방법이 적정성과 형평성을 떠나서 보험료 산출이 자신의 현재 형편에 맞는지를 우선 판단할 수밖에 없다.

　보험자인 건강보험공단은 전체적으로 재원규모를 고려하여 일정 시점을 기준(연, 분기, 특정시점)으로 하여 다양한 보험료부과 요소를 보험료 책정 기준으로 정하고 있다. 부과요소인 세부적인 부과기준에 따라 개인별 차등방법을 적용한다. 국가나 지방자치단체, 공공기관으로부터 제공받아 공부상으로 확인된 자료와 관련 규정에서 정한 자료를 사용하여 획일적이고 통일적인 기준을 적용하게 된다. 따라서 개인별 차이를 모두 고려하지 못하기 때문에 개인이 납부하는 보험료와 보험자가 정한 부과기준 사이에서 갈등 간극이 크게 발생한다.

　물론 보험료 조정방법이나 경감제도를 통하여 일부 보험료를 조정하고 있으나, 재조정 되는 수용성은 그리 높지 않은 편이다. 질병 위험에 대비하는 건강보험제도에서는 치료비용을 본인이 전혀 내지 않고 완전 무상으로 운영하기란 결코 쉽지 않다. 일부 시각에서는 국민이 현재보다 조금 더 보험료를 내어만 준다면 무상의료가 가능하다는 정책이슈를 제안하기도 한다. 하지만 한정된 재원으로 부담되는 비용 부분을 효율화하려면 상호이해를 통하여 부담할 전체적인 보험료 재원규모나 의료서비스 제공환경이 우선적으로 고려되어야 한다.

무상의료는 보험자나 국가가 직접 운영하는 의료기관의 비중이 아주 높거나, 의료기관종사자를 공무원이나, 보험자가 직접 채용하여 정책을 펴는 국가에서는 가능할 수 있다.

치료받을 때 치료비용 중 일부를 치료받는 본인이 내야 하는 게 사회보험의 기본적인 운영방법이다. 여기에는 본인이 부담하는 비용을 내야 한다면 어느 정도의 비용을 부담해야 하는가의 문제가 따른다. 비용부담과 분담은 의료혜택의 문제이며 보장성이라는 측면으로 설명되기도 한다. 의료보장제도가 있는 모든 나라에서는 질병으로 인하여 가계부담이 파산당할 위기에서의 구제 범위, 즉 공공의료지출비용을 정하고 있다. 의료보장제도를 실시하는 대부분의 선진국에서는 보통 본인이 20% 정도 부담하고 80% 정도는 보험에서 혜택을 받는 범위로 정하고 있다.

우리나라도 이러한 추세에 맞추어 보장성 확대라는 정책을 통해 비급여 의료 축소, 중질환자 본인부담률 인하, 재난적의료비 지원사업 등을 도입, 노력하고 있으나 아직은 크게 부족한 실정이다.

건강보험은 국민건강보험법에 따라 운영되는 법적 제도이다. 따라서 법에 근거한 규정들이 많이 있을 수밖에 없다. 국민들이 불편해하는 사항들은 주로 시행령과 시행규칙에 따라 법률로 정해진 내용들이 주를 이룬다. 가입자는 이 내용에 근거하여 혜택이나 제약을 받기 때문에 이러한 내용을 규제로 인식하는 경우가 종종 발생한다. 보험의 기본운영원리는 자율적 운영을 통해 참여를 보장한다. 이에 따라 가입자도 일정 부분 제도운영에 참여하고 있기는 하다. 그러나 이는 참여나 접근성에 한계가 명확해서 다수 가입자에게 지침이나 규정은 아주 멀게만 느껴진다.

가입자 개개인의 사안별로 보면 제약으로 인식되는 사항들은 일반적으로 법제화되어 있다. 이 때문에 개인에게 불합리한 규정들이 쉽게 개선되거나 수용되지 못한다. 이러한 문제는 대다수 가입자에게 보험공단이나 정부가 해줄 수 있는데도 안 해주는 것으로 인식하게 한다. 특히, 신청에 의한 행정행위가 발생되는 경우 신청기한이 경과한 경우에 소급하여 적용을 원하는 경우가 빈번하게 발생한다. 정해진 처리기한경과는 대부분 특별한 사정이 발생하여야만 소급적용 된다. 신청기한이 없어지면 이러한 문제는 해결될 수 있다. 그러나 왜 신청기한을 정하였을까? 라는 측면으로 생각하면 신청기한을 둔 이유가 있다. 다른 법에도 만기시효가 있듯이 언제까지나 무기한으로 지속 할 수는 없는 것이다. 행정행위에서 일정 기한을 정하는 경우를 보면 보통 7일 이내, 14일 이내, 30일 이내, 1년 이내 등으로, 여전히 신고와 절차를 중시하며 운영한다.

다. 공급자와 가입자 관점

건강보험의 보험급여 적용방법은 의료행위와 치료재료, 약제 등 정해진 가격으로 의료서비스가 제공된다. 따라서 급여제공의 보상은 보험자와 공급자가 미리 정해놓은 의료서비스가 제공되기 때문에 가입자가 정해지지 않은 서비스를 임의로 선택하여 추가를 원하는 의료서비스가 발생할 수 있다. 이런 경우에는 별도의 개별 부담으로 의료비용을 전액 부담하여야 하는데 이러한 경우를 비급여라고 부른다.

건강보험은 적정한 치료라는 보편적인 원리를 기본으로 삼고 있다. 질환별로 치료의 필요성에 따라 필수의료를 중심으로 품질이 결정되는 보편성의 원칙이 중요시된다. 필수의료를 중심으로 보험적용 여부를 정하는 현행 제도는 비용의 제약으로 인하여 필수의료라는 공급자 관점의 의료선택의 제한이 따를 수밖에 없다.

최근 들어 예비의료라는 기준을 만들어 비급여되는 의료의 수혜 범위를 점진적으로 확장하려는 일련의 정책들이 시행을 위해 검토되고 있다. 의료혜택의 범위가 확장되더라도 소비자가 원하는 모든 의료혜택이 아니라 건강보험에서 정해놓은 영역의 범위 내에서 의료서비스 제공이 확장되는 것이다.

고품질의 서비스나 개인적으로 시술을 원하는 의료서비스는 보험제도 밖에서 이루어지는 영역으로 제도 안에서는 제한될 수밖에 없다.

지금의 건강보험제도에서는 일상생활에 지장이 없거나, 신체 이외의 기능개선을 목적으로 하는 경우에는 보험혜택 적용이 배제된다. 의학적인 근거 불충분으로 인한 시술 방법과 비용 등은 비급여되는 적용범위에 속한다. 개인 취향으로 선택하는 특실이용이나 자양강장, 피로회복으로 인한 영양보충을 목적으로 하는 경우도 보험적용이 되지 않는다. 고가의 약이나 치과 치료재료에 사용되는 고가의 금속재료비용도 이용한 당사자가 비용을 부담하여야 한다.

라. 비용 측면의 시사점

공급자인 일반 병원은 자기자본을 투입하여 의료 인력에 대한 인건비와 운영비, 시설투자에 대한 각종 장비 설치비용, 치료에 사용되는 재료비용 등을 위해 고정적인 자본과 운영비용이 필요하다.

투입된 자본비용은 물가상승 등 경제 환경을 고려하여 일정 부분 수익을 창출하여야 하는 경제적 활동이 수반되어 있다. 이와 관련하여 의약단체들이 일부에서는 지금의 결정된 수가와 약가의 보상가격은 부족하다고 문제를 제기하고 있다. 수가결정은 보험자와 공급자가 상호 협상을 통하여 결정하는 방법으로 시행되고 있다. 그러나 단순히 협상된 수가만으로 가격이 수용된다면 문제가 줄어들 수 있겠으나, 현실은 그러하지 못하다.

가격을 결정하는 구조는 보건 의료서비스를 구성하는 환경적인 요소인 인력, 시설, 장비로 인한 현실적인 문제가 복잡하게 얽혀있다. 우리나라의 의료인력양성제도는 의과대학 입학 시부터 의사가 되기까지 인턴, 레지던트, 전문의를 거치는 과정으로 매우 길고 어렵다. 대부분이 전문의이며 인재 위주로 구성되어 있다. 장비와 시설을 보면 의료장비는 다양하고 첨단 시설을 갖추고 병원을 운영한다. 반면에 건강보험제도의 시작은 아주 저렴한 비용으로, 적정한 의료보상은 미비한 상태로 출발하였다. 이러한 다양한 측면이 얽혀 가격 결정을 복잡하게 하고 있다.

향후에는 적정한 보상가격과 적정한 보험료를 부담해야 하는 국민적인 합의와 다양한 당사자 논의를 통해 가격 결정이 이뤄져야 할 것으로 보인다.

마. 규제 및 통제 측면

　의료계는 환자에게 적용하는 치료방법은 의사의 권한과 책임이 따르는 사항으로 자율권을 보장하여야 한다고 주장한다.
　보험에서의 의료영역이란 통제 속에서 이루어지는 행위가 아니라 제한된 영역에서의 의료행위에 대하여 보상이라는 방법을 통해 보험으로 적용된 비용을 지불하는 제도이다. 다만, 우리나라에 도입된 건강보험의 행위별 수가라는 적용방법이 규제와 통제가 따르는 의료행위를 규율한다고 말할 수 있다. 일부 성형외과의 경우처럼 건강보험을 적용하지 않는 시술의 경우에는 자율 상담으로 비용 결정이 가능하다.
　현재는 보험에 적용되는 환자를 진료할 경우 요양급여기준에서 정한 법정급여와 임의비급여를 통하여 환자를 진료하여야 한다. 요양급여기준으로 진료한 환자를 치료한 비용은 요양급여기준에 맞게 청구해야 하고, 공단은 청구한 비용의 적정성을 확인한 후 비용을 지급한다.
　행위별 수가제 적용방법은 통제를 전제로 이미 의료가격이 결정되어 있다. 개별적인 하나하나의 치료 행위가 이루어질 때마다 비용이 결정된다. 따라서 의사의 자율적인 의료행위를 보장하기보다는 가격통제 위주로 비용을 지불하는 측면이 더 강하다.
　총액 수가제란 의료총량을 전제로 결정된 비용에 따라 보험자와 의료단체 간에 협약으로 이루어지는 비용이다. 의료인의 환자 진료는 자율성이 보장되는 측면이 강하다.
　자율과 통제라는 인식은 보상되는 비용의 지불과 운용방법에 따라 달라질 수 있다. 어떤 지불방법을 결정하고 선택하는가에 따라 다르게 변화될 수 있다.

바. 보험정책 측면

국민의 건강수준 향상, 재정적인 형평과 보호체계, 국민의 요구에 부응해야 하는 보건의료체계에는 최종적인 목표가 있다. 의료보장은 주로 지속 가능한 재원마련, 의료서비스에 대한 경제적인 접근성, 의료자원의 적정 활용이라는 운영목표를 가지고 있다. 현행 건강보험에서 활용되는 요양급여기준은 법규명령이고, 강행규정이므로 요양기관은 반드시 요양급여기준에서 정한 범위 내에서 그 방법과 절차를 따라야 한다. 기준으로 정해진 방법으로 진료를 하고, 그 비용 청구를 하고, 최종 확인된 비용을 지급 받게 된다. 보험비용의 가격결정 구조, 보험급여의 적용, 수용 또는 허용 범위 등은 각종 의료정책에 따라 건강보험제도가 영향을 받게 된다.

또 정책 사안에 따라서 의사회원단체, 한의사회원 단체, 약사회원단체, 치과의사회원단체, 간호사회원 단체, 간호조무사회원단체, 의료기사회원단체 등 이해관계자들이 상호 관련되는 경우가 많다. 이들 단체는 보건의료의 아주 중요한 자원으로 인식되어야 한다.

넓은 의미로 보면 건강보험은 보건의료정책의 목적 달성을 위한 서비스 제공체계 측면에서는 하위체계에 해당하는 하나의 운영방법에 해당한다.

국가의 보건의료체계가 통합적인 정책을 통해서 다양하게 상호 기능적으로 연결되어야만 지금의 건강보험에서 제공하게 되는 서비스의 품질이 더욱 발전할 수 있을 것이다.

사. 보험자의 입장

건강보험운영과 관련된 모든 사안들이 가입자에게 직간접인 영향을 주거나, 상호 연관 관계를 지닌다. 그중에서도 가장 사안이 많은 것은 보험료 금액 결정과 관련하여 보험료 부과방법이나 기준·절차 분야에서 대표적인 갈등이 일선 현장에서 매일 매일 발생한다.

매년 공급자단체와 가격 인상범위를 놓고 보험자와 수가협상을 하면서 줄다리기 협상을 수행해야 한다. 가입자가 의료기관 방문 시에 자격확인범위(보험수혜자의 자격인정 여부)를 우선 확인하는 사전 행정절차가 반드시 필요하지만 원활하지 못한 경우가 발생한다.

우리나라 제도 여건상 건강보험적용 시 제3자 가해행위 사전통보제, 산재보험 적용 여부 승인, 자동차 보험적용으로 인한 기왕증 보험적용, 의료급여적용(차상위), 중증질환대상 비용감면 특례적용, 암환자 등록 등은 행정활동을 통해 급여의 정당성 인정 여부를 처리해야 하는 중요한 기능중의 하나이다.

청구한 금액을 심사하면서 삭감을 통해 발생하는 비용 문제, 지급한 후에 다시 재환수하는 문제로 발생하는 사안 등 보험운영과 관련한 많은 갈등이 상존하고 있다. 오늘날에는 가입자와 공급자 간에 의료현장에서 발생하는 갈등도 보험자에게 전가될 수 있다. 공급자와 보험자 간의 갈등은 공급자와 가입자 모두에게 영향을 미치게 된다.

2. 현대 건강보험의 이론적 시각 고찰

가. 경제적인 측면

의료상품은 수요와 공급 측면에서 자율적인 시장원리에 따라야 하는가? 라는 질문을 자주 접하게 된다. 때로는 보는 관점에 따라 견해 차이가 상반되기도 한다.

의료시장에서 공급자는 모두 의료인이다. 수요자는 환자와 그 가족이다. 환자가 병원이나 의원을 방문하는 경우 대부분 의료인의 처치와 처방에 따라 치료라는 의료서비스를 받는다.

여기에는 질병으로 인하여 의료기관 방문 시 환자인 수요자에게 의료선택권이 존재하는가의 문제가 따른다. 환자가 선택하기 위해서는 가격이나 상품구매에 관한 사전정보나 지식이 있어야 한다.

의료는 전문영역이어서 환자가 직접 스스로 선택하기 어려운 문제로 이어진다. 공급자인 의료인은 전문적인 의료상품을 다량 보유하고 있다. 의료인은 의료기기와 검사장비, 약품정보 등 환자치유를 위한 다양한 전문 정보와 지식을 지니고 있다.

수요와 공급이 시장원리에 따라 의료상품 가격이 결정된다고 가정한다. 의료인이 제공한 의료정보에 따라 무엇을 선택하고 어떤 것을 선택하지 않아야 하는지 환자의 선택은 제한적일 수밖에 없는 상황이다.

현실적으로 치료를 위한 처치와 치료를 받아야 하는 환자의 선택은 정보의 비대칭으로 인하여 의료인이 권유하거나 제공하는 의료상품을 통해 구매할 수밖에 없는 현실에 직면한다. 결국 의료인이 권유한 의료상품과 제공되는 가격으로 선택할 수밖에 없는 상황이 된다. 일반적인 상품구매는 소비자가 다양한 가격과 성능비교를 통하여 이루어진다. 그러나 의료가격을 비교하기 위해서는 또 다른 의료인을 통해서 추가적인 정보를 얻어야 한다. 비교하고자 하는 정보를 얻기 위한 다른 선택비용이 또 발생한다. 의료시장은 많은 정보가 일반인에게 공개되지 않는다. 공개된 정보일지라도 전문지식이 없으면 이해와 비교선택이 어렵다.

최근 들어 수술비용이 비교된 정보를 인터넷상에서 종종 접할 수 있다. 보편적인 의료기술의 가격비교는 일부에서는 가능할 수 있다. 그러나 의료적 상품서비스의 품질에 의한 선택의 문제는 보편적인 의료정보의 부재로 인하여 제한받을 수밖에 없다. 이러한 문제를 해결하려고 도입된 원리가 의료적용에 대리인을 통해 구매하는 보험이라는 공공상품영역이다.

공급자인 의료계와 보험자인 건강보험공단이 가입자인 국민을 대리하여 정하여진 의료보험 상품의 가격과 검증된 치료방법을 제시하여 치료에 필요한 의료정보를 얻을 수 있게 된다. 결국 건강보험제도가 가입자의 의료에 관한 정보의 비대칭 때문에 발생되는 문제를 해결하고 있는 것이다. 즉, 환자의 선택권을 보호하기 위해 적절한 의료상품의 범위를 정하여 건강보험이 적용되는 의료서비스만을 제공하게 하는 것이다.

건강보험의 기본원리는 보험상품으로 정해진 의료상품을 최소의 가격과 꼭 필요한 필수의료를 중심으로 하여 보험적용 여부를 결정하는 데 있다. 필수의료의 허용범위를 정하는 것은 보험운영원리에 따라서 보험자와 의료계단체와의 계약에 따라 선별적으로 보험적용 가격이 결정된다. 다만, 가입자인 국민이 내는 보험료에서 전체적으로 부담하는 보험료가 높고 낮음에 따라 혜택의 범위가 달라지게 된다. 보건 정책적으로 최소한의 낮은 상품으로 할 것인지, 적정상품으로 제공할 것인가 하는 접근방법은 사회보장 측면, 행정적 측면, 의료적 측면 등이 수입과 지출규모에 따라 신중히 고려된다.

의료영역은 그 범위가 다양하고 전문적이기 때문에 의료상품의 시장원리가 제한을 받을 경우에 많은 사회적, 정치적인 문제로 확대되어 논란과 갈등이 발생한다.

의료민영화는 경제적 시각에서 공급자와 소비자의 선택의 자유가 강한 측면이 있다. 공공성 측면이 강한 의료제도를 개별적인 소비자 선택에 맡길 경우 또 다른 문제가 야기될 수 있다. 그래서 최근 각기 다른 기관이나 단체, 관련된 학자에 따라 시각 차이가 팽팽하게 맞서고 대립하는 사회적인 갈등현상을 볼 수 있다. 경제적 접근은 재화 측면에서 의료정보의 비대칭적 문제로 국한하여 제한적으로 접근하였다.

나. 사회보장적인 측면

　사회보장적 시각은 누구에게 얼마만큼의 혜택을 제공할 것인가? 라는 질문으로 접근한다. 건강보험료 부과기준은 최소 한 달에 만원 정도를 내야 하는 사람, 십만 원을 내야 하는 사람, 백만 원을 내야 하는 사람, 최대 보험료로 천만 원을 내야 하는 사람으로 차별적으로 구분되어 있다. 그러나 아파서 병원이나 의원에 방문하여 치료받을 경우에는 내는 보험료 금액과는 무관하게 차별 없이 모두가 동일한 치료비용을 지불한다.

　아파서 치료를 받아야 하는 경우 의료이용에 관련되는 비용발생 문제를 일반적으로 보험급여 혜택이라고 한다. 즉, 내야 할 보험료는 정해진 기준에 따라 각각 다른 금액으로 차등을 둔다. 그러나 보험혜택은 누구나 똑같은 부담비용과 동일한 치료방법으로 보험급여기준을 적용한다.

　보험에서는 병원에서 치료에 필요한 절차와 기준이 필요하다. 이러한 방법과 절차 등을 정하는 요양급여기준은 보험가입자에게 적용되는 보험급여 혜택을 말한다. 보험료 부담요금은 상대적인 차등을 두면서 보험혜택은 동일하게 한다. 분배의 과정으로 접근하면 사회적 소득 재분배 효과로 표출된다.

　보험료 기준이 동일한 조건이라면 아픈 사람이 내야 하는 보험료, 아프지 않은 사람이 내야 하는 보험료는 같다. 즉, 아픈 사람이 혜택을 더 받을 수 있게 된다. 아프지 않은 사람은 비용부담(보험료)은 더 많이 하면서 의료서비스 혜택이 없는 경우도 있다. 일반적으로 내는 보험료에는 각각 다르게 차등을 두면서 똑같은 혜택을 부여하거나, 부담은 더하고 혜택은 없고, 부담은 덜하고 혜택은 많이 받을 수도 있는 것이다. 무엇보다 보험가입을 원하지도 않았는데 무조건 강제로 가입하여야 한다.

보험이면서 왜 강제일까? 가입이 강제되는 이유는 보험료 차등을 두면서 동일한 혜택을 부여하는 기능을 지니는 것이 사회보장제도의 특성 때문이다. 소득재분배 기능은 소득이 없거나, 소득이 낮은 사람에게 소득이 많거나 소득이 더 있는 사람이 더 부담하게 하는 원리에서 출발한다.

보험의 강제가입방식은 건강보험에 필요한 재원을 조달하는 방법 중 하나이다. 건강보험 요금을 때로는 기여금이라 부르기도 한다. 사회보장적 측면에서 보면, 차등부담하여야 하는 원칙이 적용된다. 누구나 국민이면 강제로 가입하여야 하고, 보험에 적용되는 혜택은 동일하게 제공한다. 보험이란 제도는 미래에 다가올지도 모를 위험에 대비하고자 미리 사전에 비용을 준비하는 방법이다. 사회와 국가라는 입장에서는 개인의 질병과 치료는 기본적으로 해결해 주어야 하는 아주 중요한 의료보장과 보건의 문제이다.

개인이나 단체가 자기부담만으로 해결할 문제인가? 우리는 모두 공동으로 국가를 통해 의료문제를 해결해야 한다. 이에 관련하여 건강보험이란 특정 상품으로 한정하면 의료보험이다. 지금 우리나라에서 시행되고 있는 국민건강보험제도인 것이다.

건강한 사람이 내는 보험료는 건강하지 않은 사람에게 사용하게 된다. 보험료를 적게 내는 사람이 아프다면 건강한 사람이 내는 보험료를 사용하게 된다. 즉 보험료의 사용처가 분배라는 흐름 속에서 이동하는 것이다. 즉 질환 또는 의료서비스의 주요 대상자가 저소득층이거나 장애인 등 취약계층, 사회적 약자에 해당하는지 여부에 상관없이 그때그때 의료서비스가 필요한 계층으로 이동하는 사회적 연대성에 근거한다. 국가제도를 통하여 국가가 관장하는 의료보험의 형태로 질병보장이 이루어지는 것이다.

현재의 건강보험제도는 1999년까지 의료보험으로 명명되었다. 2000년 단일보험자가 되면서 건강보험으로 명칭을 변경하였다.

질병으로 인한 소득보장 차원에서 다른 선진국의 경우에는 질병에 걸려 소득이 상실되었을 경우 대부분 상병수당이라는 소득보장방법이 실시되고 있다. 우리나라는 도입과정부터 논의 부족과 재원문제 등으로 아직 실시하고 있지 않다. 상병수당 적용 여부는 보험적용 요구를 필요로 하는지 또는 동의되는지 등에 대한 검토가 필요하다. 이는 질병에 따르는 소득의 상실 정도를 고려하여 사회 전반의 지배적인 의견으로 표출되는 등, 국민의 욕구와 수용성에 따라 재논의되어야 한다.

상병수당이 도입되는 사회보험은 질병·노후·실업·산업재해 등 노동자의 보편적 위험에 대비해 보험의 방식을 통해 소득과 건강을 사회적으로 보장하기 위한 제도적 장치로 시작되었다.

「사회보장기본법」(3조 정의)에는 국민건강보험을 "국민에게 발생하는 사회적 위험을 보험의 방식으로 대처함으로써 국민의 건강과 소득을 보장하는 제도"로 규정하고 있다. 따라서 사회보장적 시각에서는 제도를 통하여 위험에 대비한 소득재분배 효과를 얻고자 시행되는 측면이 있다.

다. 행정적인 측면

행정적 시각은 '지출규모와 수입규모를 어떻게 효율적으로 운영할 것인가?' 하는 시각으로 접근하는 측면이다.

제도운영에는 사회적 접근방법을 동원하여 한정된 재원을 조달하는 수입방법이 정해져야 한다. 대부분의 수입방법은 지출규모를 반영하여 정하여진다. 국가의 재원조달방법은 대부분 국민이 내는 세금으로 수입규모와 지출규모를 통해 조세로 운영되는 방식이다. 이런 경우 전적으로 국가의 통제하에 건강보험제도가 운영된다. 따라서 보험운영주체는 국가이며, 의료 공급자는 대부분 공공의료(국가병원이나 의사는 공무원)를 기본으로 하여 제도를 시행하고 있다. 대표적인 나라가 영국이다.

다른 유형은 우리나라처럼 국민건강보험공단이라는 보험자를 통해 국민에게 보험료를 부담하게 하여 이를 수입으로 하는 경우이다. 지출은 공급자인 의료계와 협상을 통하여 정하여진 수가와 약가 가격을 보험적용가격으로 운영하는 방식이다. 국가는 보험자를 별도로 두고 수입과 지출을 관리 운영하도록 한다. 국가는 보험자를 정책적으로 관리·감독한다. 다만, 국가의 영향력과 통제력이 보험자에게 얼마만큼 관여되는지, 행사하는 방법과 절차가 직접적인지, 간접적인지의 문제는 다루고자 하는 문제의 초점이 흐려질 우려가 있어 여기서는 다루지 않기로 한다.

또 다른 하나는 최소한의 보장만 국가가 관여하고 지역별, 직업별, 직종별, 민간이 주로 단체를 통하여 수입과 지출을 관리하게 하는 방식이 있다. 이외에 국가가 직접 관리하는 조세방식, 국가의 통제와 관장하에 보험자를 운영하는 방식, 민간 또는 단체 등이 중심이 되어 운영하는 다양한 조합 또는 연합방식이 있다. 이러한 운영방식의 차이는 대부분 그 나라의 정책이나 정치적 환경에 따라 다르게 결정된다.

어떤 방식이든지 결국 수입을 구성하는 보험료라는 재원조달방법 차이를 달리할 뿐 그 수입을 재원으로 보험제도를 운영한다.

지출규모는 공급자인 공공의료규모와 민간의료 분포 등을 고려하여 의료자원을 기준으로 계약 또는 지정 등의 형태인 총량적인 개념으로 접근한다.

이에 따라 관리운영방식을 행정적 시각으로 접근할 때는 국민의 기본 정서, 의료 정책적 환경, 의료자원의 분포 등 비용의 효율성을 우선해서 고려해야 한다. 여기에는 보건의료의 기본개념과 사회보험의 기본원리에 충실하도록 인간존엄의 원칙, 형평성의 원칙, 효율성의 원칙이 근본이 되어야 한다.

결국, 보편적인 기준이 행정통제에 영향을 주게 되고, 국가의 정치적 사회적 경제적 환경변화에 따라 보험적용이나 운영 형태가 변하게 된다. 따라서 건강보험제도는 인간다운 생활을 영위하기 위한 최저한의 생활을 보장하는 국가의 행정작용 중, 사회공공의 복리를 증진하기 위한 공익적 활동을 통하여 시행하는 급부행정에 속한다고 할 것이다.

라. 의료적인 측면

의료적 시각에서 보면 의료상품의 가격을 어디까지 정할 것인가? 하는 문제가 가장 중요하다.

의료시장은 전문 인력, 의료시설, 의료장비 등 필수적으로 갖추어야 할 기본요건이 있다. 그러나 기본요건이 너무나 다양하고 계속 발전하기 때문에 어느 분야에서 어떤 영역까지 수용할 것인가? 하는 현실 적용이라는 어려운 과제가 발생한다.

전문인력이라 함은 의과, 치과, 한의, 약, 간호 등을 담당하는 의료종사자를 말한다. 전문인력은 모두 자격증을 소지하고 있다. 전문인력이 보유한 지식이 다를 수 있는데 제공하는 의료상품은 모두 동일한 가격으로 정해져야 하는가? 하는 질문으로 문제에 접근해 보고자 한다.

일반적으로 의료보험에서는 보험혜택의 범위를 정할 경우에 최고의 서비스 가격을 우선하여 제공하지는 않는다. 제공되는 서비스 품질이 높아지면 보험료를 내야 하는 사람들이 그만큼 부담을 더 많이 해야 하기 때문이다. 즉 기본의료와 필수의료를 중심으로 하여 보험가격을 정해야 보험료를 걷는 부담범위가 설정되기 때문이다. 혜택받는 부분을 보장이라고 하면 보장범위를 정하는 문제 또한 부담과 연계하지 않을 수 없다.

시설 부분도 앞의 인력 부분처럼 작은 시설, 중형시설, 대형시설의 서비스가 동일하게 필요한가 하는 시각으로 살펴 본다면 장비 부분도 마찬가지이다. 기본검사장비, 영상장비, 특수 검사장비 등이 어디까지 필요하며, 사용되어야 하는가? 하는 의구심이 발생하는 것이다.

이처럼 의료상품의 가격을 정하는 문제는 매우 복잡하고 전문적이며 다양하다. 다만, 보험상품으로 보는 시각과 의료전문성으로 보는 시각은 차이가 존재한다. 보험의 적용대상이 되는 상품을 보험급여 제공기준으로 인정하여 요양급여기준에서 정한 가격과 서비스를 제공하게 되는 것이다. 이는 요양급여기준에 따라 건강보험이 적용되고 안 되고를 판단하는 기준이 되기 때문에 혜택이 많고 적음을 표현할 때 보장성이 낮다거나 높다고 말한다.

현재 우리나라의 보장성 구조는 낮은 보험료 부담과 낮은 보장성을 제공하고 있다는 평가를 받고 있다. 급여를 제공하는 혜택부여의 원칙은 첫째 의료적 중대성(중증도·긴급성)이란 측면에서 질환에 대하여 의료적 처치를 하지 않거나, 의료서비스를 제공하지 않는 경우 건강상의 위험에 빠지는 정도와 시급성을 고려한다. 둘째, 질병 또는 건강수준 향상에 도움이 되는 정도와 건강 결과의 개선으로 이어질 수 있는 치료효과성(건강수준 향상 정도)을 고려한다. 셋째 경제성 평가가 가능한 경우의 치료 결과와 불가능한 경우의 비용 크기와 효과성을 포괄적으로 평가한 다음 비용효과성(비용 대비 효과·경제성)을 고려하여 판단한다.

이는 결국 해당 의료서비스를 이용하거나 질병을 치료하기 위해 환자가 부담해야 할 비용을 고려하는 환자부담 정도(가계부담 정도·진료비 규모)를 기본으로 하여 결정된다. 따라서 의료인이 제공하는 필요서비스와 소비자 원하는 서비스 욕구는 서로 다르다. 따라서 행정통제나 보험적용에서 급여 혜택의 관리 필요성은 계속 진화할 수밖에 없다.

마. 노인 의료적인 측면

우리나라 인구 구조가 급격히 변화하고 있다. 어떻게 변화고 있는 걸까? 저출산과 고령화는 인구구조의 변화를 나타내는 함축된 표현이다.

건강보험에서는 보험료를 낼 수 있는 미래 젊은 층 인구는 감소하고 있다. 반면에 앞으로 만성질환 증가 등으로 인하여 병원비용을 사용해야 할 노인층은 많아지는 현상이 오고 있다.

건강보험에는 사람은 누구나 함께한다는 '우리들'이라는 함축된 의미가 담겨 있다. 경제활동으로 돈이 있을 때 좀 더 많은 보험료를 내고 축적해 둔 다음, 병들고 가난해지면 축적된 비용을 사용할 수밖에 없는 연속성과 지속성을 갖는 생애 주기적 순환을 지니는 게 보험제도이다.

누구나 노인이 되면 질병이 찾아오기 쉽다. 노인은 언젠가 신체 불완전 증세로 인하여 누군가의 도움을 필요로 하거나, 도움을 받아서 일상생활을 지속해야 할지도 모른다.

병원치료비용이 없어 치료를 포기해야 하는 일들도 종종 발생할 수 있다. 우리의 의료이용 문화는 부모가 아프면 아무리 중병이라 할지라도 자식의 도리를 다하기 위해 최선과 최대한의 치료방법을 선택한다. 비용 효율적 측면에서 문제를 제기할 수도 있지만, 자녀들의 사회문화적 측면이 강하게 작용하는 우리나라에서는 정신건강적으로 긍정적인 측면도 있다. 요즈음은 우리라는 단어보다 너와 나라는 단어가 자주 사용되지만 건강보험이란 제도의 내면에는 우리라는 공동체 정신이 담겨있다.

노인 의료문제는 우리 모두라는 사회적 공동체의 시각에서 출발하고 생각해야 한다. 우리도 언젠가 노인이 된다고 인식하는 사고를 가져야 한다. 노인의 의료문제는 치료중심에서 건강증진과 예방중심으로 바꾸어 미래를 준비해야 한다.

2008년부터 운영되는 노인장기요양보험이라는 노인수발보험제도는 자원의 적절한 배분을 통하여 이루어지고 있다. 건강보험운영은 의료 중심이고 노인장기요양보험은 노인수발중심(간호 간병과 치매)으로 운영되고 있다. 두 제도 사이에 사각지대는 없는지, 요양병원과 요양원의 운영은 과연 그 기능에 맞게 노인 중심으로 운영되고 있는지 점검할 필요가 있다.

질병을 가진 노인의 예방과 질병을 가지지 않은 노인의 건강증진예방사업을 어떻게 하는 것이 바람직한가를 알아보기 위한 많은 연구가 필요하다. 이제 노인에 대한 의료접근방안은 지금보다 더 종합적이며, 필수적인 방안으로 지속적인 고려가 있어야 한다.

바. 산업적인 측면

산업적 시각은 영리병원과 의약산업 등의 규제정책을 어떻게 생각하는가? 문제이다.

의료기관의 설립은 면허를 보유한 의료인 또는 법인설립을 통하여, 협동조합 등이 운영할 수 있다. 규제정책은 의원과 병원, 종합병원, 상급종합병원은 그 기능과 역할이 이용자와 공급자의 기능에 맞게 구분되어 있는가를 먼저 고려해야 한다. 개념상으로 인력, 시설, 장비의 기준은 명확하게 구분되어 있다.

영리와 공공성은 충돌할 수밖에 없는 이슈인가? 이 문제는 의료민영화 관점에서는 자율성이 강조되어야 하고, 공공의료 측면을 강조하면 공공성이 강화되어야 하는 문제이다. 따라서 상호 공존하면서 보완하는 대책이 필요하다.

의료기술과 제약기술은 분리 사용되면 어떤 문제를 야기하는가? 안전성과 효과성에 대한 접근이므로 원칙적인 사용 표준화를 통하여 해결할 필요가 있다.

자율과 규제는 보완되어야 하는가? 자율을 원하는 시각과 규제를 원하는 시각의 차이를 우선 극복하여야 한다.

보건의료정책의 산업적 시각으로는 의료영리화, 해외환자 유치, 원격의료, 의료산업수출, 국가적 GDP 성장 동력이 주요 핵심 이슈이다. 여기서 이들 문제를 다루기에는 한계가 있으므로 건강보험 측면에서만 언급하기로 한다.

의료기관이 만들어지고 건강보험의 서비스가 이루어지기 위해서는 행위, 약제, 치료재료, 검사장비를 갖추어야 한다. 행위 기술은 임상시험을 거쳐 신의료기술이 제공된다. 환자의 식단은 치료식에 근거하여 영양 등을 고려하여 만들어진다.

치료약은 효능에 따라 등재약품으로 결정되면 사용이 허용된다. 치료재료는 과학기술의 발달과 함께 수시로 변모하고 있다. 검사장비는 검체검사, 병리검사, 기능검사, 내시경, 영상진단, 방사선치료, 특수영상진단장비의 발전으로 진화를 계속한다. 이처럼 기술과 장비가 끊임없이 변화함에 따라 의료서비스는 즉시 구매하여 제공하기 어려운 구조적 한계가 있다.

건강보험 영역 내에서는 의료서비스의 안정적 기반 위에 의료서비스가 제공되기 때문에 산업적인 시각에서는 다양하게 접근하기 어려운 구조를 지닌다. 대부분 민간주도의 의료기관을 가지고 있으면서도 우리나라는 요양기관 당연 지정제라는 보건의료정책의 범위와 서비스제공의 영향력 내에서 공급자의 선택권이 그리 많지 않은 상황이다. 대부분의 의료시장 규모는 전 국민 건강보험제도와 연계되어 한정적으로 운영되기 때문이다. 다만, 건강보험에서 적용되지 않는 비급여 적용을 통하여 제한적인 선택권을 가지고 의료서비스를 제공할 수 있다.

공공성의 개념으로 접근하게 될 경우 산업적 시각에서의 자율적 접근은 이율배반적인 성격을 가질 수밖에 없다. 예를 들어 신약개발 지원 제도, 병원설립 지원 등 의료산업의 발전을 위하여 건강보험 정책를 배제하면서 접근할 경우 비용 측면에서 감당하기 어려운 또 따른 문제가 야기될 수 있다. 그러나 최근 보건·의료분야 데이터를 활용하여 정부 3.0 추진사업과 건강 및 질병지표 구축, 국민건강정보 D/B 개방정책 추진, 개인맞춤형 건강관리 시스템 개발, 헬스케어 스마트 플랫폼 구축 추진 등 빅데이터를 활용한 인프라 구축방법이 산업적인 접근으로 활용성 증대를 추진하고 있다.

국민의 생활영역에서의 비용절감과 자원의 공동 활용이 개방형으로 진화하여 ICT 활용에 대한 창의적인 아이디어가 필요한 시점이다. 다만 개인정보를 보호하는 방안이 함께 강구되지 않으면 안 된다.

사. 서비스 접근적인 측면

정보획득에 대한 서비스의 욕구와 품질은 어떠한가?

만일 건강보험에 대하여 궁금한 내용이 있다면 가입자는 건강보험공단에 문의하면 된다. 가입자가 질병치료에 관한 정보를 얻기를 원하는 경우 대부분은 반드시 의료기관을 방문해야 한다.

공공적인 서비스는 일반적인 내용을 공개하고 그 공개된 정보를 활용하게 된다. 특정된 정보는 개인에게 국한된 의료정보라고 가정하면 정보 활용에 많은 제약을 받는다.

정보를 원하는 욕구와 제공된 정보는 내용에 따라서 제약을 받거나 제공자에 따라서 정보획득에 많은 영향을 받는다. 간단한 일반적인 사항은 1577-1000번 건강보험 콜센터 상담원에게 문의하면 공개된 정보에 접근할 수 있다.

본인이 처리를 원하는 정보인 경우에는 행정에서 정한 기준에 맞는지, 확인이나 설명이 필요한 경우에는 가까운 건강보험공단지사를 방문하여 담당자에게 문의해야 정확한 정보를 얻을 수 있다. 이처럼 원하는 정보는 문의처에 따라 정보획득에 필요한 서비스를 얻는 방법이 달라질 수 있다.

일반적으로 서비스는 무형이며, 비정형적 형태를 지니고 이질적이며 소실되는 특성을 갖고 있다. 대부분의 경우 상호 커뮤니케이션이 원활하면 바라는 내용과 답변은 원하는 방향성과 일치할 수 있다. 원하는 욕구가 해결되었을 때는 만족을 얻게 된다.

최근 들어 맞춤형 서비스란 용어들이 자주 사용되고 있다. 쌍방향 소통이 전제될 경우 맞춤형 서비스 제공이 가능하다. 의료서비스의 경우 대다수 국민들은 적은 비용을 부담하면서 많은 의료혜택이 제공되기를 원한다.

의료는 생명존중과 개별적인 특성을 가진 존엄한 신체와 정신을 다루어야 하는 특별한 서비스이다. 의료서비스는 전문 인력에 의하여 시간적인 의료행위가 발생한 부분, 의료장비를 통해 제공받은 각종 정보 서비스, 일정시간 의료시설을 이용한 서비스는 특별한 재화이다. 전문적인 정보는 일반적으로 가치와 철학을 지니는 경우가 있다.

정보를 쉽게 얻는 방법으로는 단골 주치의라는 방법이 도움될 수 있다. 서로를 잘 알고 있기에 필요한 의료서비스를 받을 수 있는 방법이다. 단골손님이란 용어는 필요할 경우 자주 찾아오는 손님이다. 단골 병원을 정하여 오랜 기간 의료인과 상담을 받는 경우에는 본인이 원하는 의료정보를 받고 맞춤형 건강정보나 의료서비스를 받는 가장 좋은 방법이 될 수 있다.

최근 유럽 등 선진국에서도 의료의 패러다임이 공급자 중심에서 수요자 중심으로 이동하는 추세이다. 이들 나라는 지속적 진료비 증가에 대비하기 위한 제도적 장치를 마련에 고민하고 있다. 즉, 환자들에게 관심이 집중되는 정밀의료 접근 방식으로 변화하고 있다.

우리나라에는 1차적으로 주치의를 접할 수 있는 의료전달체계 이용환경이 활성화가 되어 있지 못하다. 지금의 현실에서는 매우 안타까운 일이다.

아. 수가계약제

① 관련 법령 및 취지

국민건강보험법 제42조 (요양급여비용의 산정 등)에 따라 당사자인 국민건강보험공단 이사장과 동법 시행령 23조에 의한 의약계를 대표하는 자(병원 및 요양병원의 대표자는 대한병원협회장, 의원의 대표자는 대한의사협회장, 치과병원 및 치과의원 대표자는 대한치과의사협회장, 한방병원 및 한의원의 대표자는 대한한의사협회장, 약국 및 한국희귀의약품센터 대표자는 대한약사회장, 조산원의 대표자는 대한간호협회장(대한조산협회장), 보건기관은 보건복지부 장관이 지정하는 자)가 1년의 계약기간을 정하여 요양급여의 상대가치점수의 점수당 단가를 정한다.

계약체결시한은 계약 만료일 75일 전까지 체결하여야 하며, 재정운영위원회의 심의의결을 거쳐 계약을 체결한다. 체결되지 아니한 경우 보건복지부 장관이 건강정보험정책심의위원회(건정심)의 의결을 거쳐 정하는 금액을 요양급여비용으로 한다.

요양기관이 요양급여를 행한 사적인 대가를 지불하는 측면에서 사적 계약의 성격을 반영하여 원칙적으로는 계약에 의하여 체결하되, 지연이나, 미체결 시 의료공백을 방지하기 위하여 고시로 정하도록 함으로써 공익적 성격을 반영하고 있다.

② 수가계약의 경과

20001년부터 2007년까지는 모든 요양기관을 구분하지 않고 단일수가계약 방법으로 시행되었다. 2001년에는 협상 결렬로 인하여 정부의 고시로 결정되었다. 2002년부터 2004년까지는 수가계약 협상이 결렬되어 건강보험정책심의위원회(건정심)에서 결정되었다. 2005년에는 건강보험정책심의위원회에서 상호 합의하여 처리되었다. 2006년에는 의료기관 유형별 계약제를 시행조건을 합의하고 협상에 따른 계약으로 체결되었다.

2008년부터는 유형별계약제 시행으로 의협, 병협은 건정심에서 결정되었고, 나머지 단체는 계약으로 결정되었다. 2009년에는 의사협회만 협상 결렬로 건정심에서 결정되었다. 2010년에는 의원, 병원은 협상 결렬로 인하여 건정심에서 결정되었다. 2011년 의원, 2012년 병원, 2013년 의원, 치과협회가 협상 결렬로 인하여 건정심에서 결정되었다. 이와 같이 당사자 간의 계약체결과 결렬이 반복적으로 발생하고 있다.

2001년부터 2007년까지의 단일수가계약에서는 7회 중 6회 결렬, 1회만 조건부계약이 체결되었다. 주요 내용으로는 주로 가입자단체가 건정심 결정에 불만하여 퇴장하였으며, 수가뿐만 아니라 보험료 인상 폭에 대해서도 불만을 제기하였다. 다양한 단체로 구성된 공급자는 건정심의 내용을 선택하였다.

2008년부터 지금까지 의사결정구조는 동일하나, 대부분의 단체와는 계약이 체결되었고, 주로 병원과 의원의 계약이 결렬되었다. 가입자단체와 공급자단체 모두 초기에는 일방적 주장에서 접근하였으나, 초기 2-3년간 결렬 등 학습효과 이후에는 계약 상대방의 특성을 파악하고 수가계약의 결과를 예측함에 따라 주장하는 수가 폭 격차가 줄어들었으며, 이로 인하여 대부분 단체가 계약을 체결하는 횟수가 증가하였다.

이는 건정심에서 당사자 간의 수가협상 결렬 시 협상안보다 낮은 인상률을 제시하는, 수가의 일관된 결정이 수가협상에 중요한 영향을 미치고 있는 것으로 보인다. 2008년 유형별 계약제 시행 이후에는 1:1 계약에서 1:6 계약으로 구조가 복잡하게 변하였으며, 각 단체는 수가수준의 절대치보다 단체 간의 상대적인 격차에 더 민감하게 반응하는 경향이 나타나고 있다.

③ 유형별 수가계약의 특성

1년이라는 계약구조는 협상의 반복적 구조를 나타내고 있다. 계약의 참가자는 정해진 유한기간에만 관여하기 때문에 지속성의 문제가 비협조적 방향으로 표출될 가능성이 높다.

협상 대표의 임기제는 유한기간으로 인식하고 행동할 가능성이 크다. 요양기관 유형별 단체회원의 이익과 대표의 개인 목표가 상충될 가능성이 존재한다.

협상의 결과가 이익 단체장의 리더십을 검증받는 계기로 인식될 가능성도 있다. 2008년 협상에서 약사회는 6개 단체 중 가장 낮은 1.7%에서 계약을 체결한 후 회원을 설득하였다. 반면 의사회는 평균보다 높은 인상률을 제시받고도 계약이 결렬되었다. 결과적으로 건정심에서 더 낮은 수가로 최종 결정되었다. 최근에는 상호협상에 의하여 수가가 결정되는 빈도가 많아지고 있다.

④ 유형별 수가계약의 정책적 의의와 문제점

유형별 수가계약은 요양기관의 대가를 결정하는 공급자의 계약 자율권이 확대될 수 있다. 또 건강보험의 정책수단을 다양화할 수 있는 동기유발과 유인요인도 있다.

나아가 보험재정의 동반자 역할을 공급자와 보험자의 지속적 소통의 장이 될 수 있고, 계약결렬에 대한 정책 대응력은 계약결렬의 명분과 실리 제공을 차단할 수 있다.

문제도 있다. 때로는 더 높은 수가 인상이 반영되어 계약 미체결에 따른 아무런 제재 장치가 없다는 점이다.

수가협상에 대한 사전준비와 상호 합리적 협상력 활용방법은 다양하게 변화되었다. 앞으로도 수가연구, 부대조건설계, 재정관리 연계기능 등 경영투명성과 거버넌스 구조개편이 필요하다. 상급종합병원, 종합병원, 병원, 요양병원의 환산지수 격차와 특성을 반영하고 세분화하여 경영수지 격차를 조정할 필요도 있다.

정책적으로는 수가의 계약당사자를 요양기관의 대표자로 명확하게 규정할 필요가 있다. 수가의 계약범위와 기간에 있어서는 총진료비로 확대하고, 장기적으로 약제비와 치료재료비를 포함하도록 할 필요가 있다. 실효성 있는 부대조건과 이행여부를 점검하는 사후평가가 의무화되어야 한다.

거버넌스 구조개편은 이익과 상충되는 문제를 해소하고, 민간과 공공의 역할이 전문가의 참여와 함께 합리적으로 표출되도록 하여 일관성을 유지할 필요가 있다. 즉 구성에 있어서 전문성, 대표성, 민주성이 확보되고, 보험재정과 연계성을 갖고 조화롭게 추진되어야 한다.

⑤ 요양급여비용 지불방식의 장단점 비교

행위별 수가제는 의료인 상호 간에 경쟁으로 인하여 서비스의 양과 질을 최대화하여 양질의 의료서비스를 받을 수 있으며, 이에 따라 의료기술 향상에도 기여하는 장점이 있다. 반면에 과잉진료와 남용 발생 시에는 의료비가 상승하고, 예방보다는 비용이 많이 드는 치료에 치중하고, 행정비용이 많이 든다는 단점이 있다.

인두제는 등록된 환자 수에 따라 일정액을 지불하게 되므로 진료의 계속성이 보장되고, 비용계산이 간단하여 행정비용 절감, 예방에 관심이 있고, 의료비가 저렴하며, 예측이 가능한 장점을 가지고 있다. 반면에 서비스가 제공되는 양의 과소로 인하여 2차 의료 발생 시 대기시간이 길어지는 단점이 있다.

봉급제는 의료인의 경력, 기술수준, 종별과 직책에 따라 보수수준을 결정하고, 매월 또는 일정기간에 보수로 지급하는 방식이다. 의료인의 수입이 안정되어 불필요한 경쟁이 사라지고, 과잉진료가 없으며, 의료인 간에 지식과 기술의 숙련도를 평가하므로 진료수준을 향상할 수 있다. 다만, 진료 관행이 관료화되어 형식적으로 변질될 수 있으며, 정해진 시간만 진료를 하기 때문에 진료 계속성 등 다른 문제를 야기할 수 있다.

포괄수가제는 질병을 기준으로 환자 1인당, 요양일수 1일당 등 포괄적으로 계산하여 지불된다. 따라서 질병군별 경제적 진료를 행하고, 행정적으로 간편하여 과잉진료를 억제할 수 있는 장점이 있다. 반면에 진료가 최소화되거나, 규격화할 가능성이 있으므로 새로운 약의 사용이나, 새로운 의료기술을 적용하는 데 한계가 있을 수 있다.

총액계약제는 보통 1년 동안의 지불될 총비용을 보험자와 의사단체 간의 계약으로 총비용을 지급하면 이를 개별의료기간에 지급하는 방식이다. 의료인의 자율적 억제가 가능하며, 의료비의 사전예측으로 보험재정 운영에 안정화를 유지할 수 있는 장점이 있다. 그러나 의료의 질 저하 문제, 계약체결이 쉽지 않은 한계가 있다.

⑥ 우리나라 건강보험과 민간보험의 관계

보건사회연구원의 「2015년 한국의료패널 보고서」에 따르면 우리나라 민간의료보험 가입규모는 2013년 전체 가구 중 77.0%가 가입하여 2008년 71.6%에 비해 지속적인 증가 추세를 보이는 것으로 나타났다. 보고서는 가구당 가입 보험은 평균 4.79개이며, 월평균 288,215원을 보험료로 납입하고 있다고 발표하였다. 2013년 기준 1,820만 가구의 민간의료보험 총 보험료는 52.5조원으로 추측되는 데, 2013년 건강보험료 수입은 39조원이었고, 정부지원금 5.8조원을 더하면 44.8조원이다. 민간의료보험이 7.7조원이나 많다.

전 국민에게 공적(계)보험을 실시하는 국가 중에서 우리나라의 경우처럼 민간의료보험 규모가 공보험을 앞서는 경우는 이례적이다.

네덜란드나 벨기에의 경우에 민간보험 규모는 공보험의 5% 내외에서 시행되고 있다. 대부분 국가에서 민간의료보험은 공보험의 범위에서 크게 벗어나 있지 않은 실정이다. 반면에, 우리나라는 3,200만 명이 가입해 있는 실손의료보험이 건강보험과 경쟁 아닌 경쟁을 하고 있다.

민간의료보험의 팽창은 공보험에 여러 가지 영향을 미칠 수 있다.

2006년 7월 노무현 정부는 대통령 직속으로 '의료산업선진화위원회'를 구성하여 실손형 민간의료보험제도 활성화에 기여한 것으로 추정된다. 그 당시 목표는 '국민 건강수준 향상과 적정 규모의 국민의료비 관리'였다. 실손 의료보험의 보장 범위를 비급여 중심으로 추진하겠다고 했으나, 실제로는 2007년에 출시된 민간보험사의 실손의료보험 상품은 비급여뿐만 아니라, 법정본인부담금까지 100% 보장해주는 상품이 출시 되었다.

출시 후 3,000만 명이 가입하였고, 지금은 비급여 의료와 과잉의료 현상의 부정적인 측면으로 나타나기도 한다. 일부 의료공급자와 가입자는 민간보험의 의존도를 더욱 높이고 있으며 건강보험의 공적 보장성을 올리는 데 좋지 않은 영향을 미치는 요인으로 작용하고 있다.

프랑스와 독일 등 주요 국가들의 공보험과 민간의료보험 관계는 우리나라와는 환경과 문화가 많이 다르다. 이들 국가의 실손의료보험이나 보충형보험의 보험상품은 국가의 통제하에서 공공성을 유지하면서 공존한다. 공적인 보험은 강력한 보장성을 기반으로 하여 국민의 신뢰를 받고 있어 민간의료보험 때문에 공보험이 훼손되는 일은 거의 발생하지 않는다. 민간보험의 목적은 수익창출이 아니라 공보험과 마찬가지로 의료접근성을 높이는 공존의 관계이다. 공보험에 대한 보충보험 성격으로서 존재하는 것이다.

사례를 살펴보면 2014년 프랑스 진료비 지출총액 비율을 보면, 78%를 건강보험이, 13.5%를 보충보험이, 개인 부담이 8.5%를 차지하고 있다. 프랑스는 2013년 사기업 근로자 모두에게 보충보험 가입을 권장하여 2016년 1월 1일부터 사용주는 모든 근로자가 보충보험에 가입하도록 의무화했다. 현재 95%가 보충보험 가입해 있고 미가입자는 5% 정도이다. 의료접근성을 향상하기 위한 보충보험이 프랑스에서도 건강보험재정을 악화시키는 요인으로 작용하는 측면이 있다. 일부 특진의사들이 진료비를 높여서 공단과 개인부담을 높이고 있는데, 보충보험의 더 많은 보상과 더 많은 진료 유도라는 부작용이 발생하는 것이다.

일반적으로 보험에는 보험사의 손익 정도를 나타내는 '손해율'이 있다.

우리나라 손해보험사들은 2014년 손해율이 137.6% 달하는 것으로 추정하고 있다. 민간보험사들은 실손 의료보험의 부가보험료 규모 등을 영업비밀이란 이유로 공개를 거부한다.

프랑스의 경우 보험상품에 대해서는 보건부가 관장 하였으나 지금은 경제 관련 부처에서 관리하고 있다. EU 차원의 보험상품에 대한 기준은 매우 엄격하다. 규제당국인 경제 관련 부처가 보험사와 은행 모두를 관리하도록 하고 있기 때문이다.

우리나라는 민간의료보험사의 상품을 금융산업으로 보는 것에 대하여 상호 갈등이 있을 수 있다. 프랑스는 국가가 아닌 유럽 차원에서 민간보험 상품에 대한 규제가 이루어지기 때문에 그러한 갈등현상은 발생하지 않는다.

프랑스는 국가적으로 보충건강보험사의 투명성을 강조하고 있어 보험사들에게 매년 회계, 통계수치를 정부에 제출하도록 정하고 있다. 2009년부터는 의회의 결정으로 정부는 보충건강보험의 전체 재정에 관한 보고서를 의회에 제출하여야 한다. 제출 내용으로는 보험사별로 보충보험의 순이익, 보험료 대비 보험금 손해율(지급률), 관리비 등이 유형별로 구체적으로 적시되어야 한다.

프랑스는 건강보험과 보충보험이 전산망으로 대부분 연결되어 있어 환자가 직접 지불하지 않고, 보험사가 병원에 보험금을 전산망을 통해 자동 지급한다. 전산 연결이 가능한 이유는 프랑스 국민들이 역사적으로 공제조합을 비롯한 보충보험사들을 다른 형태의 공보험으로 받아들이고 있기 때문이다. 따라서 공제조합 등 대부분의 보험사는 이윤추구가 아니라 공보험의 충실한 보조적 역할을 수행하고 있다.

⑦ 소득자료를 기준으로 하는 보험료 부과체계

건강보험료를 결정하는 부과방법은 누구나 다 같이 일정한 금액으로 정하는 방법이 있을 수 있다. 차등을 두는 방법으로 가족 수에 따른 세대당 보험료와 세대원 수에 따라 차등을 두어서 적용하는 경우이다.

좀 더 세분하면 과세 되는 재산보유상태와 과세소득이 신고되는 범위의 적용 기준에 따라 차등적인 요소를 가미한다. 확보된 여러 가지 부과요소를 합산하여 차별적인 부과 방식으로 정할 수 있다.

우리나라에서는 이미 앞에서 언급한 방식을 제각기 적용하여 보험료 부과기준으로 시행한 선례가 있다. 현행 보험료 부과방식은 기본보험료 요소인 성별, 연령별 요소에 경제활동참여지수를 참고로 하여 매년 정해지는 점수당 단가를 기준으로 정하고 있다.

차등방식으로는 우선 과세재산(토지, 주택, 건물, 선박, 항공기의 과세표준액)이 적용된다. 자동차, 종합과세소득요소(사업, 임대, 이자, 배당, 공적연금, 일시적인 근로소득, 강의료, 당첨금 등)를 합산한 방식으로 가산적인 부과요소를 기준으로 삼고 있다.

현행 보험료의 재원조달을 위하여 소득을 기준으로 한 보험료 부과 방식은 직장가입자로 자격이 정해진 경우에는 월급(수입: 표준보수월액, 일정액 이상의 소득월액)에 보험료율을 곱하여 보험료를 책정하고 있다.

개인사업소득자에 대하여는 국세청 등 공적인 과세소득으로 표출된 공부상의 자료를 이용하여 부과의 기준으로 적용하고 있다.

소득이라는 단어는 참으로 설명하기 어려운 용어이다. 수입과 소득을 가치로 구분하기란 참으로 어려운 일이다. 벌어들인 자금, 사용하고 남은 비용, 명목소득, 실질소득, 양도소득, 금융소득, 이자소득, 연금소득 등 종류도 다양하여 이해하기도 어렵다. 그러나 보험료를 산출하는 데 사용되는 소득이란 일반적으로 공부상의 자료로 표출된 일정기간의 비용 개념으로 세법이나 각각의 법에서 정해놓은 수입이 소득으로 표출된 총비용으로 표현되기도 한다.

보험료는 누구나 다 똑같이 일정액을 내야 하는 수평적인 평등부과방법이 있을 수 있다. 한편 차등적인 부과요소를 통해 더 내는 사람이 있으면 덜 내는 사람으로 구별하는 방법도 있다. 분배라는 차원으로 접근하는 수직적인 평등 개념으로 볼 수 있다.

가령 부자인 사람이 가난한 사람을 지원해 주기 위하여 보험료를 얼마만큼 더 납부해야 하는가? 병원 이용은 차별 없이 동일한데 부자라서 왜 더 내야 하는가의 문제는 소득재분배라는 사회보험의 원리에 기초한 것이므로 여기에서는 기술하지 않기로 한다.

따라서 보험료를 더 내야 하는 경우라면 그럼 얼마만큼 더 내야 하는가의 문제를 명확하게 설명하기 위한 기준을 마련할 필요가 있다.

한편으로 일정한 소득이 없는 사람은 국가에서 국가의 지원금을 통하여 전액 지원한다거나, 지원대상이 되지 않는 경우에는 수지균형의 기본원리에 따라 매월 얼마만큼의 기본적인 보험료를 내야 하는가 하는 궁금증을 해소 할 수 있는 명확한 과학적인 기준을 만들어 제시할 필요가 있다. 건강보험의 원리에 맞추어 정의적인 설명을 제공하여야 한다.

향후 신설예정인 보험료 부과체계 개선위원회에서는 소득 불평등을 반영하는 로렌츠 곡선의 분포가 차지하는 분포와 범위를 활용하여 원칙적이고 과학적인 기준이 함께 마련되기를 희망한다. 부과방법이나 기준을 변경하여 재원조달의 형평성을 도모하고자 한다면 카크와니 지수를 활용하여 건강보험료와 본인부담율의 차이도 고려할 필요가 있다고 본다.

2017년 건강보험료 부과체계 개선방안 발표에 따르면 소득보험료, 재산보험료, 자동차 보험료로 구분하여 개선할 예정 시안이 발표되었다.

소득보험료는 종합과세 소득자료를 적용할 예정이다. 최저보험료는 연간소득이나 연간 총수입을 근거로 하여 단계별로 월 13,100원에서 17,210원을 적용한다고 발표하였다. 재산보험료는 재산세의 적용과표를 활용하여 500만원부터 5,000만원까지 단계별로 공제하는 방안이다. 자동차의 경우에는 배기량에 따라 단계별로 1,600cc에서 3,000cc 차량 가격에 따라 면제하거나 4천만원 이상의 고가자동차만 적용하는 방식으로 논의되고 있다.

보험료의 적용기준이나 산출 방법은 국민 모두를 만족시키기는 어렵다. 그러나 어려운 실제 상황이 객관적일 경우, 보험료를 정하는 방법이 종합과세소득, 재산, 자동차에 따른 기준이 대체로 현재 시점의 자료이기보다는 과거자료이기에 권리변동 등이 발생하고 있다.

보험료 산정자료로 활용되는 각종 정보를 정부나 공공기관과 수시로 연계시킨다 할지라도 적기에 적용을 바라는 당사자의 욕구에 부응하기는 어려울 것이다. 그러나 보험비용의 지출 유발요인이나 감소시키는 요인을 객관화하여 정밀하게 고려한다면 실현 가능한 현실이 될 수도 있다.

실례로 직장가입자가 퇴직하는 경우에는 일시적이거나 지속적으로 소득활동이 중단된 상태에 해당하면, 임의계속가입자로 가입자격을 유지하게 하여 보험료 경감의 요건방식으로 해결하는 경우가 이에 해당한다고 볼 수 있다. 그러나 보유한 재산상황이 재산적 가치손실로 인하여 수입창출과 연관되어 있지 않거나, 과도한 부채상태로 보유하고 있는 경우에는 보험료 조정위원회(가칭)를 지역(권역)별로 설립하여 주민참여에 의한 보험료 한시적인 조정제도를 병행하는 게 필요하다.

한편으로는 초고령 사회에 대비하기 위하여 가칭 노인질환 상병수당을 통하여 은퇴 후 진료비용을 보존할 수 있는 새로운 제도 도입을 고려해 볼 필요가 있다. 노인들은 수입이 줄어들거나 없어지고 연금수령액이 최소한의 생활비용을 충당하기도 어려운 경우가 많이 발생한다.

일부 외국의 사례처럼 보험 가입기간이 가령 30년 이상의 기간이 지났다거나, 미리 보험료 납부 시에 사전에 상병수당연금가입을 신청하여 정해진 보험료의 두 배(상병수당연금 형태 보험료)로 일정기간 축적하여 추가 납부하는 방법이다. 이런 새로운 방법의 제도를 만들어 더 납부한 가입자는 상병에 따른 상병수당적 성격을 갖는 상병연금을 지급하는 새로운 방안을 신설하여 미래에 대비할 필요가 있다.

3. 법 규정을 알지 못해 불이익이 될 수 있는 내용

가. 고의나 중대한 과실 등 범죄행위에 의한 보험급여의 제한

국민건강보험법 제53조제1항에 의하면 보험급여를 받을 수 있는 사람이 다음 각호의 어느 하나에 해당하면 보험급여를 하지 아니한다.

1) 고의 또는 중대한 과실로 인한 범죄행위에 그 원인이 있거나 고의로 사고를 일으킨 경우, 2) 고의 또는 중대한 과실로 공단이나 요양기관의 요양에 관한 지시에 따르지 아니한 경우, 3) 고의 또는 중대한 과실로 제55조에 따른 문서와 그 밖의 물건 제출을 거부하거나 질문 또는 진단을 기피한 경우, 4) 업무 또는 공무로 생긴 질병·부상·재해로 다른 법령에 따른 보험급여나 보상(報償) 또는 보상(補償)을 받게 되는 경우이다.

법은 보험 혜택을 주지 않거나 혜택을 주었다 하더라도 정당하게 인정하지 않는 범위를 이와 같이 정하고 있다.

① 고의 또는 중대한 과실로 인한 범죄행위

중대한 과실로 인한 범죄행위 유형에는 무면허, 음주운전 등의 고의 또는 중대한 과실로 인한 도로교통법 위반사고(교통사고처리특례법 제3조 제2항의 11대 사고 및 음주측정 거부행위), 강도, 절도, 방화, 실화로 인한 사고 등이 있다.

보통의 과실과 중대한 과실의 구분은 통상 전자는 다소간의 주의를 결한 경우이고, 후자는 현저하게 주의를 결한 것, 즉 통상인에게 요구하는 정도의 주의를 하지 않더라도 약간의 주의만 한다면 손쉽게 위법, 유해한 결과를 예견할 수 있는 경우임에도 이를 간과한 경우 등과 같이 거의 고의에 가깝도록 현저하게 주의를 결한 상태를 말한다(대법원 1983.2.8. 선고 81다428, 1996.10.25. 선고 96다30113 판결).

보험급여제한(보험적용 여부 결정)의 주체는 요양기관이 아닌 보험자인 국민건강보험공단이기 때문에 이러한 사고를 당하여 보험적용의 문제가 발생한 경우에는 건강보험공단의 판단에 따라야 한다. 따라서 피해를 당하여 병원에서 보험적용이 안 된다고 하면 건강보험공단에 신고하여야 혜택 여부를 정확하게 알 수 있다.

② 고의의 사고

고의사고 유형은 음독·투신 등 자살기도 행위에 의한 사고, 자해행위에 의한 사고, 쌍방폭행 행위에 의한 사고 등이다. 다만, 정신질환자가 자살·자해행위를 하였을 때는 동 행위에 대한 인식능력이 없기 때문에 보험급여를 제한할 수 없다.

나. 이중보상 금지에 따른 보험급여의 제한

국민건강보험법 제53조제2항에 따르면 보험급여를 받을 수 있는 사람이 다른 법령에 따라 국가나 지방자치단체로부터 보험급여에 상당하는 급여를 받거나 보험급여에 상당하는 비용을 지급받는 경우에는 그 한도에서 보험급여를 하지 아니한다.

다. 보험료 체납자에 대한 보험급여의 제한

국민건강보험법 제53조제3항에 의하면 가입자가 대통령령으로 정하는 기간 이상 다음 각호의 보험료를 체납한 경우 그 체납한 보험료를 완납할 때까지 그 가입자 및 피부양자에 대하여 보험급여를 하지 않을 수 있다. 다만, 보험료의 체납기간에 관계없이 월별 보험료의 총체납횟수(이미 납부된 체납보험료는 총체납횟수에서 제외)가 대통령령으로 정하는 횟수 미만이면 그러하지 아니하다.

동법 제53조제4항에 의하면 동법 제77조제1항 제1호에 따라 납부의무를 부담하는 사용자가 제69조제4항 제1호에 따른 보수월액보험료를 체납한 경우에는 그 체납에 대하여 직장가입자 본인에게 귀책사유가 있는 경우에 한하여 제3항의 규정을 적용한다. 이 경우 당해 직장가입자의 피부양자에게도 제3항의 규정을 적용한다.

① 분할납부 승인 시에는 예외

　국민건강보험법 제53조제5항에 의하면 동법 제3항 및 제4항에도 불구하고 제82조에 따라 공단으로부터 분할납부 승인을 받고 그 승인된 보험료를 1회 이상 낸 경우에는 보험급여를 할 수 있다. 다만, 제82조에 따른 분할납부 승인을 받은 사람이 정당한 사유 없이 2회 이상 그 승인된 보험료를 내지 아니한 경우에는 그러하지 아니하다.

② 급여제한 기간 중 예외 인정

　국민건강보험법 제53조제6항에 의하면 동법 제3항 및 제4항에 따라 보험급여를 하지 아니하는 기간(이하 이 항에서 '급여제한기간'이라 함)에 받은 보험급여는 다음 각호의 어느 하나에 해당하는 경우에만 보험급여로 인정한다.

　1) 공단이 급여제한기간에 보험급여를 받은 사실이 있음을 가입자에게 통지한 날부터 2개월이 지난 날이 속한 달의 납부기한 이내에 체납된 보험료를 완납한 경우, 2) 공단이 급여제한기간에 보험급여를 받은 사실이 있음을 가입자에게 통지한 날부터 2개월이 지난 날이 속한 달의 납부기한 이내에 제82조에 따라 분할납부 승인을 받은 체납보험료를 1회 이상 낸 경우. 다만, 제82조에 따른 분할납부 승인을 받은 사람이 정당한 사유 없이 2회 이상 그 승인된 보험료를 내지 아니한 경우에는 그러하지 아니하다.

라. 업무상 재해와 건강보험의 관계

업무상 재해는 국민건강보험법 제53조(급여의 제한) 제1항 제4호에 의거, 건강보험급여가 제한된다. 업무상 재해가 발생한 경우 요양보상은 「근로기준법」 제78조 및 「산업재해보상보험법」에 의거하여 사용자 또는 근로복지공단에서 치료비용을 부담한다. 업무상 재해가 발생한 경우 산재신청을 하여야 한다. 「산업재해보상보험법」 제41조(요양급여의 신청), 제42조(건강보험의 우선 적용) 및 제90조(요양급여 비용의 정산)에 의거 산재승인 전이라면 건강보험을 우선 적용하고 산재승인이 나면 근로복지공단과 업무상 재해로 판정된 진료비용과 건강보험진료 받은 해당 건에 대하여는 요양급여비용 정산이 이루어진다.

① 산재승인 신청을 거부 또는 기피할 경우

근로자가 거부 또는 기피하는 경우 근로자 본인에게 건강보험에서 부담한 요양급여비용을 환수하게 된다. 사용자의 방해 또는 은폐의 경우에는 「근로기준법」 제78조에 의거 사용자에게 요양급여비용을 환수하게 된다. 따라서 업무상 재해로 부상을 입고 건강보험으로 진료를 받은 사실에 대하여는 조사를 하고 있다. 따라서 업무상 재해를 건강보험으로 적용하고 산재신청을 하지 않아 공단이 사용자에게 부당이득금으로 환수한 내역은 노동부로 통보되어 「산업안전보건법」 위반 여부 조사 자료로 제공됨에 따라 사업장에서는 업무상 재해가 발생한 경우 반드시 산재신청을 하여 각종 불이익이 발생하지 않도록 하여야 한다.

② 산재 종결 후 진료 건 관련 산업재해보상보험법 개정(2015.1.20.)

국민건강보험법 제90조의2(국민건강보험 요양급여 비용의 정산) 1) 제40조에 따른 요양급여나 재요양을 받은 사람이 요양이 종결된 후 2년 이내에 「국민건강보험법」 제41조에 따른 요양급여를 받은 경우(종결된 요양의 대상이 되었던 업무상의 부상 또는 질병의 증상으로 요양급여를 받은 경우로 한정)에는 공단은 그 요양급여 비용 중 국민건강보험공단이 부담한 금액을 지급할 수 있다. [본조 신설 2015.1.20.]

마. 보험료 이외의 징수금

보험료 이외의 금액을 납부하라고 국민건강보험공단에서 통보받거나, 보험료와 관계없는 비용청구가 발생하는 경우가 있다. 이를 기타 징수금이라 한다.

국민건강보험법 제57조제1항에 따르면, 속임수나 그 밖의 부당한 방법으로 보험급여를 받은 사람이나 보험급여 비용을 받은 요양기관에 대하여 그 보험급여나 보험급여 비용에 상당하는 금액의 전부 또는 일부를 징수할 수 있다. 동법 제57조제2항 사용자나 가입자의 거짓 보고나 거짓 증명 또는 요양기관의 거짓 진단에 따라 보험급여가 실시된 경우 공단은 이들에게 보험급여를 받은 사람과 연대하여 제1항에 따른 징수금을 내게 할 수 있다.

동법 제57조제3항 국민건강보험공단은 속임수나 그 밖의 부당한 방법으로 보험급여를 받은 사람과 같은 세대에 속한 가입자(속임수나 그 밖의 부당한 방법으로 보험급여를 받은 사람이 피부양자인 경우에는 그 직장가입자를 말함)에게 속임수나 그 밖의 부당한 방법으로 보험급여를 받은 사람과 연대하여 제1항에 따른 징수금을 내게 할 수 있다.

동법 제57조제4항 요양기관이 가입자나 피부양자로부터 속임수나 그 밖의 부당한 방법으로 요양급여비용을 받은 경우 공단은 해당 요양기관으로부터 이를 징수하여 가입자나 피부양자에게 지체없이 지급하여야 한다.

바. 소송이나, 배상을 하는 경우

국민건강보험법 제58조제1항에 따라 제3자에 대한 손해배상청구권이 발생한 국민건강보험공단은 제3자의 행위로 보험급여 사유가 생겨 가입자 또는 피부양자에게 보험급여를 한 경우에는 그 급여에 들어간 비용 한도에서 그 제3자에게 손해배상을 청구할 권리를 얻는다. 따라서 건강보험공단에서는 소송을 통하여 비용을 징수하게 된다. 또한 동법(법 제58조제2항) 배상액 한도에서 보험급여제한이 이루어지기 때문에 제1항에 따라 보험급여를 받은 사람이 제3자로부터 이미 손해배상을 받은 경우에는 공단은 그 배상액 한도에서 보험급여를 하지 아니한다.

이 규정을 보더라도 각종 사고로 인한 사고 보상 등 합의 시에는 건강보험 적용 여부와 직접 관련 있으므로 관련법에 따라 적용받음을 알 수 있다.

〈도표로 보는 건강보험증 대여 또는 도용 관련 처벌 규정 사례〉

■ 건강보험증 대여·도용 관련 주요 처벌 법규

관련법	처벌 법 조항	처벌 대상자	공소시효 (형소법 249조)	처벌 형량
건강보험법	벌칙 (115조)	도용자, 대여자	5년 (2011.5.22.이후 진료적용)	1년 이하 징역, 1천만원 이하 벌금
형법	사기 (347조)	도용자, 대여자 등 도와준 자(사기, 공동정범)	10년(2007.12.21. 이전은 7년)	10년 이하 징역, 2천만원 이하 벌금
주민등록법	벌칙 (37조)	도용자, 재대여자	5년	3년 이하, 1천만원 이하 벌금
출입국 관리법	외국인등록증 등의 채무이행 확보수단 제공 등의 금지 (33조의 2, 19호)	외국인번호 도용자, 재대여자	5년	3년 이하, 2천만원 이하 벌금
형법	사문서의 부정행사 (236조)	타인의 건강보험증으로 진료받은 자	5년	1년 이하 징역이나 금고, 300만원 이하 벌금
형법	사문서 등의 위조, 변조(231조)	입원서약(보증)서, 수술동의서 등 작성자	7년	5년 이하 징역, 1천만원 이하 벌금
형법	위조 사문서 등의 행사(234조)	입원서약(보증)서, 수술동의서 등 제출자	7년	5년 이하, 1천만원 이하 벌금

4. 자영업자(개인사업주)에게 유익한 주요 내용

가. 건강보험법상 사용자의 주요의무

① 사업장 적용 신고

회사나 법인을 만들 때 보수가 지급되는 종업원이 있을 경우 사업장 적용 신고는 적용대상 사업장이 된 날(지연 시 소급적용 등 다른 적용으로 문제발생 소지가 있음으로 적기에 신고하여야 한다.)

② 사업장 변경사항 신고

사업장 변경사항의 신고는 사용자, 사업종류, 명칭, 소재지, 전화번호 등 변경이 있을 때에는 사유가 발생한 내용을 신고하여야 한다.
* 가입자 및 피부양자의 자격취득(변동), 상실 신고: 사유발생일로부터 14일 이내
* 가입자 보수의 신고 및 보수월액 변경 신고

* 매년 3월 10일까지 전년도 지급한 보수의 총액 등 신고
* 퇴직, 퇴사한 자 등에 대하여 지급한 보수총액 신고
* 보수가 인상·인하되었을 때 보수월액의 변경 신고

③ 보험료 공제 및 납부

보험료의 공제 및 납부는 가입자가 부담하여야 하는 그달의 보험료액을 그 보수에서 공제하여 해당 월의 보험료를 그다음 달 10일까지 납부하여야 한다.

④ 가입자 보험료 정산

가입자의 보험료 정산은 사용자가 건강·장기요양보험료로 반환받은 금액 또는 추가 납부한 금액 중 직장가입자가 반환받을 금액 및 부담하여야 할 금액에 대해서 해당 직장가입자와 정산하여야 한다.

⑤ 가입자가 건강검진을 받을 수 있도록 필요한 조치

사무직 근로자는 2년에 1회, 비사무직 근로자는 1년에 1회 이상 검진을 받을 수 있도록 시간과 기회를 제공하여야 한다.

⑥ 신고·제출 서류

기타 건강보험사업을 위하여 건강보험공단에 신고 또는 제출을 요구받은 서류는 그 자료에 대하여 공단 직원으로부터 조사받을 수 있다.

* 건강보험에 관한 서류의 보존기간은 작성된 날로부터 3년(건강검진에 관

한 서류는 5년)이다.

⑦ 소득 축소·탈루 자료 송부 〈법 제95조〉

건강보험료와 관련하여 사용자가 신고한 보수나 소득 중에 축소·탈루가 있다고 인정하는 경우 국세청에 송부하여 세무조사를 실시하고, 그 결과 중 보수·소득에 관한 사항을 보험료에 반영하고 있다.

⑧ 관련 근거

국민건강보험법 제11조에 의하면 가입자 자격의 취득·변동 및 상실은 그 사유발생의 시기에 소급하여 효력을 발생, 이 경우 공단은 그 사실을 확인할 수 있다.

법 제93조 및 제115조에 따라 사용자는 고용한 근로자가 국민건강보험법에 의한 직장가입자로 되는 것을 방해하거나 자신이 부담하는 부담금이 증가되는 것을 피할 목적으로 정당한 사유 없이 근로자의 승급 또는 임금인상을 하지 아니하거나 해고나 그 밖의 불리한 조치를 할 수 없다. 만약 제93조를 위반한 사용자는 1년 이하의 징역 또는 1천만 원 이하의 벌금에 처한다.

법 제94조 및 법 제119조에 따라 공단은 사용자, 직장가입자 및 세대주에게 가입자의 거주지 변경 또는 보수·소득이나 그 밖에 건강보험사업을 위하여 필요한 사항을 신고하게 하거나 관계 서류를 제출하게 할 수 있고 공단은 신고한 사항이나 제출받은 자료에 대하여 사실 여부를 확인할 필요가 있으면 소속직원이 해당 사항을 조사할 수 있다.

만약 정당한 사유 없이 법 제94조제1항·제2항, 제97조제1항·제3항·제4항 또는 제101조제2항을 위반하여 서류의 제출, 의견진술, 신고 또는 보고를 하지 아니한 자, 거짓으로 진술·신고 또는 보고를 하거나 조사 또는 검사를 거부·방해 또는 기피하는 자는 100만 원 이하의 과태료에 처할 수 있다.

제95조 의하면 공단은 사용자가 신고한 보수 또는 소득 등에 축소나 탈루가 있다고 인정하는 경우에는 보건복지부 장관을 거쳐 소득의 축소 또는 탈루에 관한 사항을 문서로 국세청장에게 송부할 수 있다.

나. 직장가입자에서 제외하는 대상

모든 사업장의 근로자 및 사용자와 공무원 및 교직원(법 제6조제2항), 직장가입자에서 제외되는 자(법 제6조제2항, 영 제9조)는 1월 미만의 기간 동안 고용되는 일용근로자, 선거에 의하여 취임하는 공무원으로서 매월 보수 또는 이에 준하는 급료를 받지 아니하는 자, 비상근 근로자 또는 1개월간의 소정근로시간이 60시간 미만인 단시간 근로자, 비상근 교직원 또는 1개월간의 소정근로시간이 60시간 미만인 시간제 공무원 및 교직원, 소재지가 일정하지 아니한 사업장의 근로자 및 사용자, 근로자가 없거나 제1호의 규정에 의한 자만을 고용하고 있는 사업장 사업주가 적용된다.

병역법의 규정에 의한 현역병(지원에 의하지 아니하고 임용된 하사 포함), 전환 복무된 사람 및 무관후보생은 그 사유가 발생하더라도 공무원인 직장가입자 적용대상이 아니다(종전의 건강보험 자격을 그대로 인정한다).

다. 피부양자 대상 및 인정요건

피부양자 대상(법 제5조제2항)은 직장가입자의 배우자, 직계존속(배우자의 직계존속 포함), 직계비속(배우자의 직계비속 포함) 및 그 배우자, 형제·자매 중 직장가입자에 의하여 주로 생계를 유지하는 자로서 보수 또는 소득이 없는 자로 피부양자 인정요건(법 제5조제3항, 시행규칙 제2조 및 피부양자 인정기준)에 해당하는 경우이다.

※ 피부양자로 적용되기 위해서는 법에서 정하는 부양요건과 소득요건의 2가지 요건을 모두 충족하여야 한다.

■ 부양요건과 소득요건을 동시에 충족하는 경우에 피부양자 인정

부양요건 (예시)	소득요건(예시)
• 직장가입자의 배우자, 부모, 자녀 및 형제·자매 • 재산세 과세표준액 합이 9억원(형제·자매 3억)을 초과하지 않는 경우(재산종류: 토지, 주택, 건물, 선박, 항공기)– 장애인, 국가유공상이자는 인정	• 사업자등록이 있고 사업소득이 없는 경우(장애인, 국가유공상이자는 500만원 이하인 경우) • 사업자등록이 없고 사업소득의 연간합계액이 500만원 이하인 경우 • 이자, 배당소득이 연간합계액이 4,000만원 이하인 경우 • 근로소득과 기타소득의 합계액이 4,000만원 이하인 경우 • 연금소득의 100분의 50에 해당하는 금액이 2,000만원 이하인 경우

※ 위 제시된 사례는 고시기준변경에 따라 매년 요건이 달라질 수 있습니다.

라. 보험료 납부 관련

직장가입자 건강보험료 납부의무자(국민건강보험법 제77조)는 사업장(기관)의 사용자가 2명 이상인 때에는 그 사업장의 사용자는 해당 직장가입자의 보험료를 연대하여 납부한다. 사용자는 직장가입자의 보수를 지급할 수 없거나 보수가 있으나 공제할 수 없는 때라도 보험료 납부의무는 면할 수 없다.

마. 자격취득 및 변동과 보험료의 관계
(2012.08.31. 국민건강보험법 개정)

국민건강보험법 제69조제2항에 의하여 보험료는 가입자의 자격을 취득한 날이 속하는 달의 다음 달부터 가입자의 자격을 상실한 날의 전날이 속하는 달까지 징수한다. 다만, 가입자의 자격을 매월 1일에 취득한 경우에는 그 달부터 징수한다. 따라서 국민건강보험법 제69조제3항에 의하여 가입자의 자격이 변동된 경우의 보험료 징수는 변동된 날이 속하는 달의 보험료는 변동되기 전의 자격을 기준으로 징수하며, 다만, 가입자의 자격이 매월 1일에 변동된 경우에는 변동된 자격을 기준으로 징수한다.

직장가입자가 2개소 이상의 사업장에서 보수를 지급 받고 있는 경우 각각의 사업장에서 자격을 취득하고, 각각의 사업장에서 받는 보수를 기준으로 보험료를 산정하고 있다. 관련 근거는 국민건강보험법 제6조제2항 및 제69조제2항, 같은 법 시행령 제36조제4항 이다.

바. 개인 사업장 사용자의 보수월액 결정

① 보수가 지급되지 않는 사용자의 보수월액 산정

국민건강보험법 시행령 제38조, 시행규칙 제43조에 따라 보수가 지급되지 는 사용자란 개인 사업장의 사용자이다. 따라서 보험료 산정 시 적용되는 소득은 ① 당해연도 중 당해 사업장에서 발생한 사업소득과 부동산 임대소득, ② 소득을 확인할 수 있는 객관적인 자료가 없는 경우에는 사용자가 신고한 금액(당년도에 사업 개시자), ③ 위의 ①항 및 ②항에 불구하고 사용자의 보수월액(소득금액)이 해당 사업장의 가장 높은 보수월액을 적용받는 근로자보다 낮을 경우에는 당해 사업장 근로자의 최고 보수월액으로 사용자 보수월액이 결정된다.

② 2개 이상의 사업장을 가진 사용자의 보수월액 산정

2개 이상의 사업장을 가진 사용자의 경우 각각의 사업장에 대하여 위에서 설명한 내용과 같이 동일하게 처리한다. 다만, 마이너스 사업소득이 발생한 사업장이 있는 경우, 마이너스 사업소득이 발생한 해당 연도의 사업장 보험료는 환급한다. 2개 이상 사업장 중 1개는 소득발생, 나머지 사업장은 마이너스 소득인 경우에 마이너스 사업장의 기납부한 보험료는 환급한다.

사. 국민건강보험법상 보수의 범위
[국민건강보험법 시행령 제33조(보수에 포함되는 금품)]

법 제70조제3항 전단에서 '대통령령으로 정하는 것"이라 함은 근로의 제공으로 인하여 받은 봉급·급료·보수·세비·임금·상여·수당과 이와 유사한 성질의 금품 중 다음 각호의 것을 제외한 것을 말한다. 〈개정 2001.6.30. 2005.6.30. 2010.9.17. 2012.9.28.〉

1) 퇴직금, 2) 현상금·번역료 및 원고료, 3) 「소득세법」의 규정에 의한 비과세 근로소득. 다만, 다음 각목에 해당하는 경우를 제외한다. 가) 소득세법 제12조제3호차목·파목 및 거목의 규정에 의하여 비과세되는 소득, 나) 직급보조비 또는 이와 유사한 성질의 금품

※ 제38조(보수가 지급되지 아니하는 사용자의 보수월액 결정)
1) 법 제70조제4항의 규정에 의하여 보수가 지급되지 아니하는 사용자의 보수월액은 다음 각호의 방법으로 산정한다. 이 경우 사용자는 매년 5월 31일까지 [소득세법 제70조의2에 따라 세무서장에게 성실신고확인서를 제출한 사용자(이하 이항에서 "성실신고사용자"라 한다)인 경우에는 6월 30일까지] 수입을 증명할 수 있는 자료를 제출하거나 수입금액을 공단에 통보하여야 하며, 산정된 보수월액은 매년 6월부터 다음해 5월까지(성실신고사용자의 경우에는 매년 7월부터 다음 해 6월까지 적용한다. 〈개정 2001.6.30. 2006.12.30. 2008.2.29. 2010.3.15. 2012.9.28. 2013.9.26.〉 1. 해당 연도 중 해당 사업장에서 발생한 보건복지부령이 정하는 수입으로서 객관적인

자료를 통하여 확인된 금액, 2. 수입을 확인할 수 있는 객관적인 자료가 없는 경우에는 사용자의 신고금액

  2) 보수가 지급되지 아니하는 사용자의 보수월액을 결정하거나 변경하는 절차 등에 관하여는 제34조제1항, 제35조제2항 및 제36조를 준용한다. 〈신설 2013.9.26.〉

  3) 제1항 및 제2항에도 불구하고 제1항 제1호 및 제2호에 따른 확인금액 또는 신고금액이 해당사업장에서 가장 높은 보수월액의 적용을 받는 근로자의 보수월액보다 낮은 경우에는 그 근로자의 보수월액을 해당 사용자의 보수월액으로 한다. 〈개정 2013.9.26.〉

  국민건강보험법 시행규칙 제43조(보수가 지급되지 아니하는 사용자의 소득) 영 제38조제1항 제1호에서 "보건복지부령으로 정하는 수입"이라 함은 「소득세법」 제19조에 따른 사업소득을 말한다. 〈신설 2006.12.30. 개정 2012.8.31.〉

아. 사업주의 근로자 일반건강진단 의무(산업안전보건법 제43조)

  1인 이상의 근로자를 사용하는 사업주는 근로자의 건강 보호·유지를 위하여 근로자에 대해 정기적으로 건강진단을 하여야 한다. 사무직에 종사하는 근로자에 대하여는 2년에 1회 이상 실시하고, 그 외의 근로자는 1년에 1회 이상 실시한다.

■ 과태료 부과기준 안내 예시(산업안전보건법)

위반행위	근거 법조문	과태료 금액(만원)
법 제43조제1항을 위반하여 건강진단을 하지 않은 경우	제72조제3항 제5호	건강진단 대상 근로자 1명당 5만원(1차), 10만원(2차), 15만원(3차) ※ 위반횟수에 따라 부과
법 제43조제3항을 위반하여 건강진단을 받지 않은 경우	제72조제5항 제2호	5만원(1차), 10만원(2차), 15만원(3차) ※ 위반횟수에 따라 부과

① 국민건강보험법에 의한 건강진단과의 관계

산업안전보건법 제43조에 따라 근로자에 대한 일반건강진단은 사업주가 부담하여 실시하여야 하나 국민건강보험법에 의한 건강진단을 실시한 경우 산업안전보건법에 의한 건강진단을 실시한 것으로 갈음한다(산업안전보건법 시행규칙 제99조제1항). 따라서 사업주는 국민건강보험공단의 일반건강진단을 정기적으로 실시할 경우 검진비용 부담을 줄일 수 있다.

상시 사용하는 근로자에 대해서는 고용형태를 불문하고 사무직 근로자의 경우 2년 1회 이상, 그 밖의 근로자는 1년 1회 이상 정기 일반건강진단을 하여야 한다.

② 건강진단결과에 따른 사후관리조치(산업안전보건법 시행규칙 제105조)

사업주는 건강진단 결과표에 따라 근로자의 건강을 유지하기 위하여 필요하다고 인정할 때는 작업 장소 변경, 작업 전환, 근로시간 단축, 작업환경측정, 시설·설비의 설치 또는 개선, 그 밖에 적절한 조치를 하고 근로자에게 해당 조치 내용에 대하여 설명하여야 한다. 건강진단결과의 서류보존(산업안전보건법 시행규칙 제107조) 기간은 5년이다.

③ 타 법에 의한 건강진단과의 관계

타법에 따라 건강진단을 실시한 경우 산업안전보건법에 의한 실시로 갈음한다.

시행규칙 제99조제1항·제2항에 따르면 일반건강진단(시행규칙 제99조제1항) 1)「국민건강보험법」에 따른 건강검진, 2)「항공법」에 따른 신체검사, 3)「학교보건법」에 따른 건강검사, 4)「진폐의 예방과 진폐근로자의 보호 등에 관한 법률」에 따른 정기 건강진단, 5)「선원법」에 따른 건강진단, 6) 그 밖에 제100조제1항에서 정한 일반건강진단의 검사항목을 모두 포함하여 실시한 건강진단이 해당된다.

시행규칙 제99조제2항에 따른 특수건강진단은 1)「원자력법」에 따른 건강진단(방사선만 해당한다), 2)「진폐의 예방과 진폐근로자의 보호 등에 관한 법률」에 따른 정기 건강진단(광물성 분진만 해당한다), 3)「진단용 방사선 발생장치의 안전관리에 관한 규칙」에 따른 건강진단(방사선만 해당한다), 4) 그 밖에 별표 13에서 정한 특수건강진단의 검사항목을 모두 포함하여 실시한 건강진단(해당하는 유해인자만 해당)이 해당된다.

타 법에 따른 건강진단을 산업안전보건법에 의한 건강진단으로 인정하지 아니하는 경우는 동일한 검사항목에 대하여만 실시한 것으로 인정(시행규칙 제99조제6항)한다.

산업안전보건법에 의한 정기 일반건강진단 대상은 상시 사용하는 근로자(시행규칙 제99조제1항)인바, 동법에서는 상시 사용하는 근로자 중 제외되는 근로자에 대한 별도의 규정을 두고 있지 아니하므로 현행 규정상 상시 사용하는 근로자에 대해서는, 고용형태를 불문하고 사무직 근로자의 경우 2년에 1회 이상, 그 밖 근로자의 경우 1년에 1회 이상 정기 일반건강진단을 하여야 하는 것으로 해석함이 타당하다.

따라서 정기 일반건강진단은 근로시간에 무관하게 상시 사용하는 근로자는 모두 대상이므로 국민건강보험법에 가입되어 있지 아니한 월 60시간 미만 시간제근로자도 상시 사용하는 근로자인 경우에는, 산업안전보건법상 정기 일반건강진단 대상이 되므로, 이런 경우 사업주의 부담으로 실시함이 타당하다.

다만, 근로자가 지역건강보험에 가입되어 있어, 그와 관련 일반건강진단을 실시하고 결과표를 사업주에게 제출하여 사업주가 보관하고 있는 경우에는 건강진단 실시에 갈음되므로 사업주가 별도의 건강진단을 하지 않아도 된다.

5. 의료기관에서 필요한 주요 내용

가. 요양급여비용 환수

① 의료법 제27조제1항, 약사법 제23조제1항

비의료인의 의료행위 및 의료인이 면허된 것 이외의 의료행위를 하여 발생된 요양급여비용은 환수한다.

* 법조문: 의료인이 아니면 누구든지 의료행위를 할 수 없으며 의료인도 면허된 것 이외의 의료행위를 할 수 없다.
* 법조문: 약사 및 한약사가 아니면 의약품을 조제할 수 없으며, 약사 및 한약사는 각각 면허 범위에서 의약품을 조제하여야 한다.

② 의료법 제33조제2항, 약사법 제20조제1항

의료기관, 약국 개설자가 될 수 없는 자(비의료인, 일명'사무장')에게 고용되어 의료기관, 약국을 개설하고 의료(조제)행위를 하여 지급받은 요양급여비용은 환수한다.

* 법조문: 다음 각호의 어느 하나에 해당하는 자가 아니면 의료기관을 개설할 수 없다. 이 경우 의사는 종합병원·병원·요양병원 또는 의원을, 치과의사는 치과병원 또는 치과의원을, 한의사는 한방병원·요양병원 또는 한의원을, 조산사는 조산원만을 개설할 수 있다
* 법조문: 약사 또는 한약사가 아니면 약국을 개설할 수 없다.

③ 의료법 제65조제1항2호

자격정지 처분기간 중 의료행위를 하여 지급받은 요양급여비용은 환수한다.

* 법조문: 보건복지부 장관은 의료인이 다음에 해당할 경우에는 그 면허를 취소할 수 있다. 제66조에 따른 자격정지 처분 기간 중에 의료행위를 하거나 3회 이상 자격정지 처분을 받은 경우에 해당한다.

④ 의료법 제65조제1항5호, 약사법 제6조제3항

면허대여를 받아 의료행위를 하고 지급받은 요양급여비용은 환수한다.

* 법조문: 보건복지부 장관은 의료인이 다음 각호의 어느 하나에 해당할 경우에는 그 면허를 취소할 수 있다. (면허증을 빌려준 경우)
* 법조문: 면허증은 타인에게 빌려주지 못한다.

⑤ 의료법 제66조제1항5호

의료인이 아닌 자로 하여금 의료행위를 하게 하거나 의료인에게 면허사항 이외의 의료행위를 하게 하여 지급받은 요양급여비용은 환수한다.

* 법조문: 보건복지부 장관은 의료인이 다음 각호의 어느 하나에 해당하면 1년의 범위에서 면허자격을 정지시킬 수 있다. (제27조제1항을 위반하여 의료인이 아닌 자로 하여금 의료행위를 하게 한 때)

⑥ 의료법 제66조제1항6호

의료기사가 아닌 자에게 의료기사의 업무를 하게 하거나 의료기사에게 그 업무 범위를 벗어나게 하여 지급받은 요양급여비용은 수한다.

* 법조문: 보건복지부 관은 의료인이 다음 각호의 어느 하나에 해당하면 1년의 범위에서 면허자격을 정지시킬 수 있다. (의료기사가 아닌 자에게 의료기사의 업무를 하게 하거나 의료기사에게 그 업무 범위를 벗어나게 한 때)

⑦ 의료법 제66조제1항7호, 약사법 제79조제2항 제2호

관련 서류를 위조·변조하거나 속임수 등 부정한 방법으로 진료비를 거짓 청구하여 지급받은 요양급여비용은 환수한다.

* 법조문: 보건복지부 장관은 의료인이 다음 각호의 어느 하나에 해당하면 1년의 범위에서 면허자격을 정지시킬 수 있다. (관련 서류를 위조·변조하거나 속임수 등 부정한 방법으로 진료비를 거짓 청구한 때)

나. 업무정지 처분 및 과징금의 부과

① 업무정지 처분 및 과징금 부과기준

월평균 부당금액과 부당비율에 따라 업무정지 처분기간이 제70조1항 관련 별표5에 따라서 정하여진다. 또한 과태료 부과기준 제82조 관련하여 법 제119조제2항 및 2항에 따른 과태료의 부과기준이 개별적으로 적용된다. 법119조제3항 및 제4항에 따른 과태료의 부과기준이 근거 법조문에 따라 1차 위반, 2차 위반, 3차 위반으로 하여 부과기준이 적용된다.

 * p136 라. 과태료 부과기준(시행령 제82조 관련) 참조

② 가중처분

법 제98조 1항·제5항 및 99조 1항·제5항에 따라 업무정지 또는 과징금처분을 받은 기간이 5년 이내에 있는 경우에는 당해 업무정지기간 또는 과징금의 2배에 해당하는 처분을 받을 수 있다.

③ 감경처분

위반행위의 동기, 목적, 위반횟수 등을 고려하여 업무정지기간이나 과징금 금액의 2분의 1 범위 내에서 감경할 수 있다. 다만, 속임수를 사용하여 공단, 가입자 및 피부양자에게 요양급여비용을 부담하게 한 경우에는 해당되지 않는다.

④ 분할납부

과징금의 규모에 따라 재정 상태를 감안하여 분할납부를 신청할 경우 12개월의 범위에서 허용될 수 있다.

다. 업무정지 처분 및 과징금 부과의 기준(시행령 제70조제1항 관련)

① 업무정지 처분기준

요양기관이 부당한 방법으로 공단, 가입자 또는 피부양자에게 요양급여비용을 부담하게 하였을 때의 업무정지기간은 다음 표와 같다.

월평균 부당금액		부당비율				
의료기관·약국·한국희귀의약품센터·보건의료원	보건소·보건지소·보건진료소	0.5% 이상 1% 미만	1% 이상 2% 미만	2% 이상 3% 미만	3% 이상 4% 미만	4% 이상 5% 미만
15만원 이상 ~25만원 미만	5만원 이상 ~8만원 미만			10	20	30
25만원 이상 ~40만원 미만	8만원 이상 ~14만원 미만		10	20	30	40
40만원 이상 ~80만원 미만	14만원 이상 ~20만원 미만	10	20	30	40	50
80만원 이상 ~320만원 미만	20만원 이상 ~40만원 미만	20	30	40	50	60
320만원 이상 ~1,400만원 미만	40만원 이상 ~70만원 미만	30	40	50	60	70

1,400만원 이상 ~5,000만원 미만	70만원 이상 ~100만원 미만	40	50	60	70	80
5,000만원 이상	100만원 이상	50	60	70	80	90

비고

* 월평균 부당금액은 조사대상 기간 동안 부당한 방법으로 공단에 요양급여비용을 부담하게 한 금액과 부당하게 가입자 또는 피부양자에게 본인부담액을 부담하게 한 금액을 합산한 금액을 조사대상 기간의 개월 수로 나눈 금액으로 한다.
* 부당비율은 (총부당금액/요양급여비용 총액) × 100으로 산출한다.
* 요양급여비용 총액은 조사대상 기간에 해당되는 심사결정 총요양급여비용의 합산금액으로 한다. 다만, 요양급여비용의 심사청구가 없어 심사결정 총요양급여비용을 산출할 수 없는 경우에는 총부당금액을 요양급여비용 총액으로 본다.
* 부당비율이 5% 이상인 경우에는 초과 1%마다 업무정지기간을 3일씩 가산하되, 소수점 이하의 부당비율은 1%로 본다.

ㄱ. 요양기관이 법 제97조제2항에 따른 관계 서류(컴퓨터 등 전산기록장치로 저장·보존하는 경우에는 그 전산기록을 포함한다. 이하 같다)의 제출명령을 위반하거나 거짓 보고를 하거나 거짓 서류를 제출하거나, 관계 공무원의 검사 또는 질문을 거부·방해 또는 기피하였을 때에는 업무정지기간을 1년으로 한다. 다만, 관계 서류 중 진료기록부, 투약기록, 진료비계산서 및 본인부담액 수납대장을 제외한 서류의 전부 또는 일부의 제출명령에 위반한 경우에는 업무

정지기간을 180일로 한다.

ㄴ. 가목과 나목 모두에 해당되는 요양기관의 업무정지기간은 해당 기간을 합한 기간으로 한다. 다만, 업무정지기간을 합하는 경우에도 법 제98조제1항에 따른 기간을 넘을 수 없다.

② 과징금 부과기준

ㄱ. 과징금은 업무정지기간이 10일인 경우에는 총부당금액의 2배, 업무정지기간이 10일을 초과하여 30일까지에 해당하는 경우에는 총부당금액의 3배, 30일을 초과하여 50일까지에 해당하는 경우에는 총부당금액의 4배, 업무정지기간이 50일을 초과하는 경우에는 총부당금액의 5배로 한다.

ㄴ. 요양기관이 과징금의 분할납부를 신청하는 경우 보건복지부 장관은 12개월의 범위에서 과징금의 분할납부를 허용할 수 있다.

③ 가중처분

ㄱ. 법 제98조제1항·제5항 및 제99조제1항·제5항에 따라 업무정지 또는 과징금 처분을 받을 자가 위반사실이 확인된 날 전 5년 이내에 업무정지 또는 과징금 부과처분을 받은 사실이 있는 경우에는 해당 업무정지기간 또는 과징금의 2배에 해당하는 처분을 할 수 있다. 이 경우 업무정지기간은 1년을 넘을 수 없으며 과징금은 부당하게 부담하게 한 금액의 5배를 넘을 수 없다.

ㄴ. 가목에 따른 5년 이내의 기간 산정은 위반사실이 확인된 날부터 그

직전에 업무정지 또는 과징금 처분서를 송달받은 날까지로 한다.

④ 감경처분

위반행위의 동기·목적·정도 및 위반횟수 등을 고려하여 업무정지기간 또는 과징금 금액의 2분의 1 범위에서 감경할 수 있다. 다만, 속임수를 사용하여 공단·가입자 및 피부양자에게 요양급여비용을 부담하게 하였을 때는 그러하지 아니하다.

라. 과태료 부과기준(시행령 제82조 관련)

① 일반기준

ㄱ. 위반행위의 횟수에 따른 과태료의 부과기준은 최근 1년간 같은 위반행위로 과태료 부과처분을 받은 경우에 적용한다. 이 경우 위반행위에 대하여 과태료 부과처분을 한 날과 다시 같은 위반행위를 적발한 날을 각각 기준으로 하여 위반횟수를 계산한다.

ㄴ. 보건복지부 장관은 다음의 어느 하나에 해당하는 경우에는 제2호의 개별기준에 따른 과태료 금액의 2분의 1 범위에서 그 금액을 줄일 수 있다. 다만, 과태료를 체납하고 있는 위반행위자에 대해서는 그러하지 아니하다.

- 위반행위자가 「질서위반행위규제법 시행령」 제2조의2제1항 호의 어느 하나에 해당하는 경우

- 위반행위가 사소한 부주의나 오류로 인한 것으로 인정되는 경우
- 위반행위자가 스스로 신고하였거나 조사에 협조하였다고 인정되는 경우
- 그 밖에 위반행위의 정도, 위반행위의 동기와 그 결과 등을 고려하여 과태료 금액을 줄일 필요가 있다고 인정되는 경우
- 보건복지부 장관은 위반행위의 정도, 위반행위의 동기와 그 결과 등을 고려하여 제2호에 따른 과태료 금액의 2분의 1 범위에서 그 금액을 늘릴 수 있다. 다만, 늘리는 경우에도 법 제119조에 따른 과태료 금액의 상한을 넘을 수 없다.

② **개별기준**

위반행위	근거 법조문	과태료 금액		
		1차 위반	2차 위반	3차 이상 위반
• 사용자가 법 제7조를 위반하여 신고를 하지 아니하거나 거짓으로 신고한 경우	법 제119조 제4항 제1호	30	60	100
• 사용자, 직장가입자, 세대주, 요양기관, 보험급여를 받은 자 또는 대행청구단체가 정당한 사유 없이 법 제43조제1항·제2항, 제94조제1항·제2항, 제97조제1항·제3항·제4항 또는 제101조제2항에 따른 서류제출·의견진술·신고 또는 보고를 하지 아니하거나 거짓으로 진술·신고 또는 보고를 하거나 조사 또는 검사를 거부·방해 또는 기피한 경우 다. 요양기관이나 사용자가 법 제96조의 2를 위반하여 서류를 보존하지 아니한 경우	법 제119조 제4항 제2호 및 제3호	30	60	100
• 요양기관이나 사용자가 법 제96조의 2를 위반하여 서류를 보존하지 아니한 경우	법 제119조 제4항 제4호	30	60	100
• 법 제98조제1항에 따른 업무정지 처분을 받았거나 업무정지 처분의 절차가 진행 중인 자가 같은 조 제4항을 위반하여 그 사실을 양수인 또는 합병 후 존속하는 법인이나 합병으로 설립되는 법인에 알리지 아니한 경우	법 제119조 제3항	500	500	500

• 공단이나 심사평가원이 법 제103조에 따른 명령을 위반한 경우	법 제119조 제4항 제5호	30	60	100
• 법 제105조를 위반하여 공단이나 심사평가원이 아닌 자가 국민건강보험공단, 건강보험심사평가원 또는 이와 유사한 명칭을 사용하거나 건강보험사업을 수행하는 자가 아닌 자가 보험계약 또는 보험계약의 명칭에 국민건강보험이라는 용어를 사용한 경우	법 제119조 제4항 제6호	30	60	100

※ 단위: 만원

건강보험과
노인장기요양보험의
이해와 활용

4장

건강보험의 미래

1. 미래 준비

한 시대 사람들의 견해나 사고를 근본적으로 규정하고 있는 인식의 체계나 사물에 대한 이론적인 틀과 체계를 패러다임이라 칭한다.

스키마라는 인지구조에 의하면 자신만의 마음의 모델과 지각 사이클이 존재한다. 여기에는 성인이 되면 누군가가 다른 사람이 이미 가지고 있는 기존의 생각을 바꾸는 것은 거의 불가능에 가깝다는 의미가 내포되어 있다. 물론 개인 스스로가 변화하는 것 자체를 부인하는 말은 아니다. 생각의 변화가 어려운 것은 인간 개개인의 사고와 생각이 각각 다르기 때문일 것이다.

고정관념은 틀에 박힌 생각을 말한다. 패러다임 전환이란 변화에 중점을 둔 생각이다. 틀에 박힌 생각이 너무 강하면 변화를 어렵게 만든다. 과거와 현재의 사건과 사고는 미래를 고민하는 예측요소가 될 수 있다.

새로운 미래는 기존에 있는 것을 정비하거나, 변경하거나 하는 방식의 접근이 아니다. 새로운 미래를 준비하려면 다양한 견해나 사고를 가지고 이론적인 변화를 모색하여 롤 모델을 고민하자는 것이다. 이해관계자와 함께 고민하고 토론과 논의를 통해 새롭게 대안을 모색해 보자는 것이다. 저자의 생각을 주관적인 사고로 작성한 것이다.

조직에서는 불완전한 개인들이 만나서 완벽한 팀을 이루어 가기도 한다. 리더 개인은 완벽할 수 없다. 미래의 리더십은 구성원과 함께 가꾸어 가는 것이다. 공유하는 리더십, 협동하는 리더십, 파트너십, 즉 역할을 나누고 권한을 위임하여 추진하는 일이 도움이 될 것이다.

새로운 미래에는 표현력이 소통의 출발점이 될 수 있다. 또한 감성지능과 개방적 사고는 소통을 위한 미래 창조 리더십의 필수 요소가 될 것이다. 상상력에 근거한 미래지향적 비전이 21세기 리더십의 근간이 될 수 있다고 믿어 본다.

열림과 소통, 개방과 융합이 상상력으로 표출된다면 새로운 것을 만들어 내는 사회로 진화될 수 있다. 기존의 생각과 종전의 마인드로 미래 세상을 바꾸어 가겠다고 생각하면 발전하기 어렵다.

구시대적인 발상을 이르는 참깨근성이라는 말이 있다. 현상에 고착되거나, 한 가지 일에 매달려 마음을 쏟는다는 말이다. 참깨근성은 미래를 향한 변화를 어렵게 한다. 미래는 새로운 지식이 바탕이 되어야 변화를 열어갈 수 있다.

2. 미래의 사회복지 패러다임과 마인드

사람은 누구나 좋은 것을 추구한다. 지금까지 나쁜 것, 안 좋은 것은 고치자며, 이렇게 고치자고 주장하여 상호 갈등이 심화되기도 한다.

좋고 나쁨의 기준은 대부분이 현재 시점이다. 미래시점에는 이루어진 내용과 결과를 알 수 없기에 좋고 나쁨을 표현하기 어렵다. 지금의 좋은 것은 지키려고 한다. 개인으로면 보면, 나에게 이익이 좋은 것, 손해는 나쁜 것이 되는 현상이 따르기도 한다. 집단이나 단체도 마찬가지이다. 그래서 집단이기주의라는 말이 나오기도 한다. 정치도 스스로의 의견보다 정치인에 대한 지지, 반대에 따라 자신의 의견과 입장이 달라진다.

미래의 사회복지는 현재의 좋고 나쁨을 기준으로는 예측하기 어렵다. 나에게 지금 좋은 것이 남에게는 미래에 나쁜 것이 될 수도 있기 때문이다.

예로, 미래 통신기술의 발달로 가정에서 인터넷 진료를 받는 경우를 생각하여보자. 집에 컴퓨터도 있고 인터넷이 연결되어 잘 사용할 수 있는 노인이 있는 반면에 컴퓨터도 없고 인터넷 연결도 어려워 누구의 도움을 받더라도 현대 문명기기를 잘 사용할 수 없는 노인도 있다. 이런 경우 통신기술을 이용한 인터넷 진료가 모두를 위한 복지일 수는 없다.

지금까지는 보편적이고 통일되며, 획일적인 방법으로 복지 수혜 대상을 구분하여 주로 표준화된 서비스를 제공하였다. 즉 사회복지 수혜자를 선발요건에 따른 차별적인 구성요소 위주로, 특정인과 불특정 다수를 구분하는 서비스라는 관점에서 수혜 대상자를 주로 선정하였다.

앞으로는 사회복지 개인의 특성과 욕구를 고려하여 통합적이며 개별적인 접근방법을 통해 선정되어야 한다. 개인에 제공되는 서비스를 맞추기 위해서는 개별 선택적이고, 개인 차별적이며, 다양한 욕구 접근방법으로 구체화되고 정밀한 복지서비스가 제공될 수 있도록 변화하기를 희망한다.

가. 건강보험 패러다임

우리나라 건강보험은 12년 만에 세계에서 가장 빠르게 모든 국민을 하나의 보험으로 적용한, 놀랄만한 결과를 보여주었다. 빨랐던 만큼 체계나 제도가 미비하여 운영과정에서 여러 가지 문제가 나타났고, 이는 앞으로 개선해야 할 과제이다. 그러나 이런 문제를 알고 있음에도 보건의료체계의 한계 때문에 근본적인 접근이 어려운 상황과 환경이 존재한다.

이런 한계가 있으므로 이제는 문제 하나만 고치려고 접근하지 않아야 한다. 조금씩 고치려고 하다가는 더 많은 문제가 파생되어 어려움에 빠질 수 있다. 즉 나는 좋아지는데 상대방이 나빠지는 경우가 발생할 수 있기 때문이다. 때로는 개선에 따른 사회적 비용이 더 들지도 모른다. 당면한 저출산, 고령화는 보건의료체계 전반에 대한 접근과 재원 등 거버넌스 차원에서 고민해야 한다. 저부담, 저급여, 저보장, 낮은 수가, 비싼 치료비 문제는 이해관계자가 참여하여 공감하고 합의된 로드맵에 따라 진행되어야 한다.

미래의 건강보험은 어떻게 지속될 수 있을까? 지속 가능한 미래 건강보험을 새롭게 구상해야 한다. 이해관계자들이 한자리에 모여 미래의 건강보험을 위한 사전 준비작업이 필요하다. 2030년을 분기점으로 시작하는 새로운 건강보험 운영 모델에 대한 연구 역시도 지금부터 빈틈없이 준비를 해야한다.

무엇보다 가입자와 의료계, 보험자가 함께하는 종합적인 건강보험시스템 안에서 보건의료정책을 효과적으로 뒷받침할 수 있는 새로운 패러다임이 작동하도록 하는 설계가 뒷받침이 되어야 한다. 단순하고 간결하여 누구나 이용과 접근이 쉽고, 의료서비스 품질이 우수한 제도를 후손에게 물려줄 새로운 건강보험제도의 롤 모델이 필요함을 인식해야 한다.

아이디어 차원에서 예를 들면 건강보험과 국민연금 간에 새로운 서비스 코디네이션 같은 것이다. 이 제도는 매월 건강보험료에 본인이 원해서 30%를 추가로 일정 기간 더 낼 경우 해당시기가 되면 상황에 따라 본인부담금 전액을 보험자가 부담하거나, 만성질환이 없는 경우 건강생활연금 수당으로 매월 지급하는 방안이다. 이러한 방법도 새로운 모델이 될 수 있음을 고민해 봐야 한다.

나. 보건의료정책

복지 분야나 보건의료체계는 너무 복잡하고, 이해 당사자 간의 갈등이 발생하는 정책 사안들이 대부분이다. 이런 갈등이 따르는 만큼 이해관계를 조정할 수 있는 실질적인 제도장치를 통해 연구와 토론의장 마련을 위한 운영이 활성화되어야 한다.

미래에는 정책입안자가 되기보다는 원칙과 기준에 의한 객관적인 갈등의 조정자 역할에 중점을 두는 미래 지향적인 정책 조정자가 필요하다. 보건의료분야의 지역별 접근성 향상, 탈규격화, 다양화, 제도 차별화에도 관심을 가져야 한다. 수평사회, 탈권위주의 시대, 대중사회에 맞는 보건의료정책의 모델이 무엇인지도 논의되어야 한다. 예를 들면, 얼굴 성형이 필요한 경우 국민에게 건강보험을 적용한다고 가정해보자. 지금의 잣대로는 많은 논쟁거리이겠지만, 미래에는 아주 적은 숫자의 아이들만 태어난다면 얼굴 생김새가 정신적 갈등으로 이어져서 치료를 받게 하는 것이 더 바람직한 방안이 될 수 있다는 점이다.

정신적인 갈등 치료비용과 물리적 성형 비용으로 수술 치료받는 경우를 모두 고려하여야 한다. 비용효과보다는 본인이 선택할 수 있는 의료가 중요한 보험의 기능적 역할을 수행할지도 모르기 때문이다.

이제 미래는 새로운 의료 접근성이 필요하다. 이는 현행 의료 비급여 사각지대에서 나타나는 다양한 통로와 사고의 변화에서 출발해야 할 것이다.

다. 노인복지를 위한 생각

앞으로 노인의 사회복지비용 증가가 가장 큰 사회 이슈가 될 것이다. 과거처럼 버려지는 아이의 문제가 아니라 버려지는 노인의 문제도 날로 커질 것이다. 장기간 저출산 현상으로 생산가능인구는 줄어드는 데 비하여 노인 인구 증가는 젊은 층의 사회적 부양 부담을 가중시킬 수 있다. 이는 경제성장의 지체로 이어지고, 저성장은 더욱 부양 능력을 떨어뜨리는 악순환으로 연결된다.

노인문제는 고령사회 문화와 함께 바라보는 넓은 안목이 필요하고, 건강한 고령사회를 만드는 정책은 주로 현장서비스에 역점을 두어야 한다.

복지서비스를 제공하려면 돈과 인력이 많이 투입된다. 비용이 투입되지 않은 공짜의 복지서비스는 없다. 노인복지 서비스는 더 많은 돈과 인력이 필요하다. 그러나 수입과 생활능력이 떨어지는 노인은 결국 국가나 사회의 도움과 각종 정책으로 이를 메꿔야 한다.

우리나라는 노인복지법에 따라 지방자치단체를 통하여 다양한 노인복지 서비스를 제공하고 있다. 서비스 종류나 질은 지방자치단체의 재정 여력에 따라 각기 다르다. 노인장기요양보험제도 시행 이후에는 보편적인 서비스로써 장기요양을 필요로 하는 경우에 수발과 관련한 서비스를 선택하여 받을 수 있다.

노인이 아니더라도 인간은 누구나 태어나서 의식주 해결이 인간다움의 첫째 조건이다. 의식주를 해결하기 위해서는 노동을 통한 소득창출, 소득을 창출할 수 있는 노동활동이 전제되어야 한다.

노년은 소득상실의 시기, 신체 활동 등 여러 가지 제약으로 기본적인 의식주를 해결하는 데 어려움을 겪는다. 의식주가 해결되지 않으면 인간은 기초생활에 필요한 신체적, 사회적, 심리적, 정신적, 정서적인 제약이 발생할 수 있다. 노인의 경우에는 더욱 그렇다.

결국 노인복지는 의식주의 생활을 지원하는 방법이 제일 기본이며 우선이다. 그러나 현대사회를 살아가는 노인에게는 인생의 연속성과 계속성도 중요시되어야 한다. 개인의 건강상태나 연금이나 소득(수입)의 여건에 따라서 각기 다르게 나타나는 개별적이면서 현실적인 문제가 나타난다.

노인 스스로가 주체가 되어 문화활동, 가족 간의 역할, 세대 간의 교류를 하기는 쉽지 않다. 특히, 외출 등 이동, 각종 장소의 출입, 배변, 목욕, 식사, 가사, 휴식 등 일상생활의 영위마저도 쉽지 않은 노인들이 많다. 이렇게 복지를 필요로 하는 분들에게 일상에 불편함이 없도록 법, 제도나 관행 등이 뒷받침되어야 한다.

노인복지서비스의 주된 목적은 노인이 활동하는 영역에서 생활에 필요한 지원을 하는 것이다. 오랜 기간 몸져누워있는 노인에게는 이동을 위한 보조기구, 노인들이 함께 공유할 수 있는 노인클럽, 노인농장, 노인하숙집, 노인별장, 데이센터, 식사센터 이동센터 등 의료와 교육, 문화 등에서 다양한 지원이 필요하다.

외국의 경우에는 노인보호를 요하는 경우 작업치료사가 노인생활지원에 필요한 상담역할을 담당하고 있다. 노인생활지원법과 같은 법을 통하여 갖가지 서비스 창구를 단일화하여 이용에 편의와 효율성을 제공하고 있다.

최근 일부 지방자치단체에서 고령친화도시를 추진하고 있다. 턱이 있는 계단 신축을 금지하고 승강기 설치의무를 확대하는 등 노인이 불편함이 없는 도시를 만드려는 시도이다. 이런 정책과 사회여건이 전국적으로 확대되기를 바란다.

라. 젊은이를 위한 생각

일하는 젊은 층의 사회복지 재원에 대한 부담금 문제가 갈수록 사회 전반에 영향을 미치게 될 것이다. 젊은 층의 주채무는 사회적 비용으로 볼 때 사회보험과 건강보험료가 될 것이다.

사회적인 복지 부양비용 증대는 베이비부머 세대가 고령인구로 진입하는 시기부터 본격적으로 문제가 시작할 것으로 보인다. 복지비용 부담과 보험 혜택의 문제는 현실적인 문제로 직면하면서 이제부터라도 노인복지보험을 따로 만들자는 방안이 제기될 수도 있다.

노인과 젊은이가 상호 공생 창업을 통해 새로운 일자리를 만드는 일은 미래의 복지 재원 마련에 큰 도움이 되는 방책이 될 수 있다. 젊은이들이 취업 중심보다는 창업 중심으로 생각하는 사회환경이 만들어지고, 이런 환경에서 젊은이가 창업한 회사에 노인이 일하는 사회가 온다면 노인문제나 취업문제 해결에도 커다란 도움이 될 것이다. 활발한 창업으로 사회 전반에 확산된 일자리는 노인을 건강하게 만들고 젊은이의 창업성공은 미래에 필요한 복지 재원 마련에도 기여하게 될 것이다.

마. 국민건강을 위한 생각

　복잡한 급여절차, 이용 방법 등 이해관계자와 대립된 문제를 해결하기 위한 건강에 대한 인식과 역할 재정립이 필요하다. 모두에게 편안한 건강보험이 되어야 하기 때문이다. 이를 위해 우리나라는 사회적 부양비 증대 등 긴박하게 다가오는 인구오너스 기간에 대비하는 적극적인 대응책이 요구된다.

　보장수준과 욕구수준을 향상시키기 위하여 국민의 인식전환을 꾀하는 방안도 마련되어야 한다. 예방 및 서비스 제공을 위해서는 다양한 이해관계자와의 갈등을 해결할 방향성에 대한 명확한 논거와 정당성을 확보하여야 한다. 이를 위해 건강행태의 변화, 의료기술 요인, 연령별 요인에 따른 변화 추이를 지속적으로 모니터링 해야 한다.

　가입자의 이슈와 공급자의 이슈를 조정할 기전이나 거버넌스에 따르는 다양한 정책 수용한계를 극복할 역할 재설정도 반드시 필요하다. 그러려면 거버넌스 구조와 사회적 협업체계의 상생과 통합구축 방안이 상시적으로 논의되어야 한다.

　대체로 건강에 대한 문제는 개인이 스스로 책임지고 해결하는 것이 제도의 틀 속에 자리매김하고 있다. 자신의 건강은 개인이 관리하는 것이 지금까지의 관례였다. 따라서 국가가 정책이나 제도를 통하여 개인의 건강문제에 직접 개입하는 일은 오늘날 찾아보기 어렵다.

　그러나 이제 국가는 개인이 일상 활동 속에서 보편적인 건강 생활을 하고 관심을 갖도록 여건을 마련해야 한다. 국가는 사회단체의 도움을 받아 개인의 건강향상을 위한 적극적인 사회활동 지원, 동기부여를 위한 참여 지원,

건강정보 제공의 기술적인 접근성 향상 등 공공의 기반이 조성되도록 뒷받침해야 한다.

지역사회에서도 개개인이 건강한 습관을 가질 수 있는 넛지(nudge)개입을 고려한 정책이 반영되어야 한다. 여기에는 개인의 신체활동과 식생활 개선을 위한 상담과 교육 등 다양한 접근이 시도되어야 한다.

바. 종합적인 건강복지 생각

의료인들에게는 의료테크닉과 시술노하우를 개발할 수 있도록 제도적인 보장이 필요하다. 동시에 환자불편과 의료비용 이중부담문제도 해소하여야 한다. 미래의 의료는 환자의 선택과 안전에 대한 책임도 중요하다. 이를 위해 규제와 지역별 의료자원 불균형이 해소되는 방안이 시스템적으로 연결되어야 한다. 삶의 질 개선을 위한 건강보장사업이 다양한 민관참여와 공공적인 지원을 통해 조화되어야 한다. 진료현장에서는 최적의 진료를 보장받을 수 있는 급여정책이 우선시 되어야 한다.

보험급여는 경제성뿐만 아니라 다양한 복지가치를 균형적으로 고려하여 운영될 필요가 있다. 사회적으로 바람직한 의사 결정을 위하여 접근성, 형평성, 혁신성 등 종합적인 고려를 통하여 안정성, 효과성, 삶의 질, 질병부담 등을 고려하는 위험분담 구조가 제도를 통해 뒷받침되어야 한다. 환자 요구를 전달할 정책채널 운영을 통하여 현장감 있는 공감정책도 제때에 반영되어야 한다.

보건복지에서 국민에게 행복을 줄 수 있는 가장 중요한 영역은 건강과 복지 분야이다. 미래에도 건강과 복지 분야는 행복한 국가를 구현하는 최우선 목표나 과제가 될 것이다.

의료행위를 수행하는 전문영역의 지식인은 국민에게 신뢰와 존경을 받아야 한다. 순응도와 위약효과를 보면, 대체로 의료상담은 존경받을 때 가장 큰 치료효과를 보장받을 수 있기 때문이다. 치료와 건강상담은 환자가 건강보장과 행복을 추구하도록 병행되어야 한다.

시대적인 갈등은 충분한 공론화 과정과 논의를 통하여 해결되어야 한다. 양극화의 사고가 아닌 다극화의 시대가 될 것이기 때문이다. 비용문제로 인하여 소중한 사람의 목숨이 평가받는 일이 있어서는 안 될 것이다. 만일 의료사고가 발생하였을 경우 충분한 소통과 사전동의 절차를 통해 공개적으로 진행되어야 한다.

의료행위인 경우에 합리적인 수용절차가 사전에 마련되어 있어야 한다. 사회적 의료보장시스템은 합리적 수용을 전제로 해결될 수 있는 구조가 되기 때문이다.

의료이용에 있어서는 가격통제시장과 가격자율시장의 공존이 필요하다. 즉, 기부금 확보를 통한 무료서비스는 실비보험 성격과는 다르다. 그러나 차별성이 유지되는 비교우위 서비스를 제공하는 가격통제시장을 통하여 보편적 서비스가 제공되어야 한다. 질 좋은 서비스를 받으려면, 비용의 자비부담에 따라 유료로 이용할 수 있는 가격자율시장 방법으로 병행하여 접근하여야 한다. 이 방법은 지리적, 시간적 접근성, 교통편의, 이용자와 경제적 수준을 동시에 만족하는 제도이어야 한다.

민간보험시장의 경우에는 대부분 보험금 지급 발생 시점이 의료 이용 시 발생한다. 이로 인하여 환자의 보험금 지급에 대한 도덕적 해이 발생과 공급자의 유인수요에 의한 유발요인이 나타날 수가 있다. 최근 건강보험의 보장성 확대정책으로 인하여 민간의료보험의 반사이익이 되거나, 공급자의 새로운 비급여 항목개발 등 반대 급부적인 효과가 나타날 가능성이 있다.

예를 들어 비급여 항목 개선으로 건강보험의 보장성이 확대되면, 그만큼 민간보험사의 개인에게 보상지불금액에 변동이 있게 된다. 이로 인하여 피보험자에게 적은 보험보상금을 지불한다면 보험사는 보이지 않는 반사이익이 나타날 수 있다.

공급자는 다양한 고가의 비급여 대상으로의 검사나 치료확대를 통해 민간보험 영역의 의료행위가 더 많이 노출되는 요인으로 작용할 수 있다. 따라서 민간보험에 가입된 보장내용이나 약관의 형태에 따라 건강보험의 보장성 강화와 상호 연관성을 가질 수밖에 없는 현실에 직면한다.

지금의 현실은 공적의료보장제의 보험혜택과 민간보험사의 적용방법이 별개인 경우로 분리하여 개인의 의료비용분담을 나누기란 쉽지 않다. 그러므로 실손보험의 설계유형에 따라 공보험의 대체형태, 중복형태, 본인부담 보충형태, 부가의료서비스 보충형태 등 민간보험의 가입이 의료이용에 미치는 영향 등을 고려하여야 한다. 국민 전체 보건의료시스템의 효율성 및 국민 건강수준 향상이라는 정책결정이 종합적이며 합리적인 방향으로 제시되어야 한다.

공적보험인 건강보험과 민간실손의료보험 간에 보장성 강화라는 연계방법에 대한 논의와 협의가 필요하다. 양 제도 간의 의료비용 수입과 지출관리에 대한 투명성과 자료 연관관계가 국민의 의료비 부담을 낮추는 방안이 될 수 있기 때문이다.

사. 유기적인 건강보험 시스템

창의력은 서로를 연결하는 능력의 확장이다. 여기에 생명력을 불어넣으면 자신만의 독특한 새로운 영역이 시작된다. 미래의 모든 시스템이 건강보험이라는 사회복지와 관련 있는 분야들과 상호 연결되어야 한다.

의료와 사회보장이라는 새로운 연결고리를 통하여 핵심이 되는 구심점들을 연결 지을 필요가 있다. 자신이 경험한 내용에 조금 더 새롭게 더한 것을 새로운 미래라고 표현하였다. 그 미래라는 현상은 하나의 변곡점을 만나야 한다. 단편적인 생각을 가지고 있더라도 누군가에 의해 연결되고 전해져야 새로운 미래가 열린다.

일반적으로 사회보장영역에서 복지라는 관점은 전염성이 있다. 작은 것이 때로는 엄청난 결과를 초래하며, 한순간에 극적인 변화가 일어나기도 한다.

정책에서는 1%의 실수가 100%의 실패를 부른다. 때로는 복지영역은 조그마한 작은 정책 속에 무한한 가능성이 숨어 있는 디테일의 힘을 가지고 있다.

수혜자의 다양성으로 인하여 쓸모가 없다는 생각에 갇히게 되면 또 다른 혜택을 제공해야 하는 미래 복지영역에서는 새로운 복지 창출이라는 가능성의 세계는 문을 닫게 될지도 모른다.

복지 분야에서는 쓸모가 없는 건지 쓸모를 모르고 있는 건지는 쓸모없음의 쓸모라는 무용지용의 내용에 따른 실질적인 경험 사례들이 중요하다. '도방고리'라는 고사성어에서 보듯이 지난 경험과 새로운 생각이 지식과 지혜의 다름으로 인식되어야 한다. 유기적이란 단어에서 유추하면 쓸모없는 내용이 나중에 쓸모 있는 더 큰 유익이 될 수 있고, 지혜로운 사람은 직접 겪지 않아도 결말을 예측할 수 있다. 역사는 종종 되풀이된다. 새로운 미래는 지금의 현상을 파악하고 고민하는 곳에서 시작된다.

미래 대부분의 노동시장은 정보기술을 기반으로 한 창조산업(제4차산업)이 주를 이룰 것이다. 인간은 자연과 물리적인 힘을 더 믿기에 종교적인 교리나 초자연적인 힘은 미래에는 신화로 남게 된다. 죽음의 공포를 감소시킬 경우에 여러 가지 종교적 사상은 약화될 수 있다. 또한, 우주진출 등 인공지능, 로봇공학, 생명과학의 발전이 생명연장으로 이어지며 죽음의 세계에 대한 생각을 바꾸어 놓을 것이다. 다만, 종교는 문화적 사상과 현상으로 남게 될 것이다.

지구온난화 등 다양한 기후변화와 각종 재난으로 인하여 자연재해가 증가할 것이다. 이런 재해를 보상하려면 민간보험사가 위기를 맞이할 수 있다.

생명을 연장하는 의료기술의 발달로 재생의학을 통한 노화 중지와 수명 연장이 빠르게 진행될 것이다. 손상된 세포 복원기술, 신경퇴행성질환 복원 치료방법, 면역시스템 손상억제, 유리화 냉동보존기술로 세포의 의학적 화학적 변화, 생명공학, 나노기술, 마인드 업로딩 분야가 발달하게 될 것이다. 이로 인하여 인간의 적응력을 능가하는 인공지능의 발달로 영향력 확대와 의존력이 다양해지고 높아지게 될 것이다.

미래변화에 관련 있는 다양한 키워드를 생각해보면 인공지능의 진화, 수명연장, 우주개발, 지구온난화, 대체에너지 등이다. 이 중에서도 의료와 관련 있는 것이 줄기세포기술을 통한 바이오프린터기술이다.

최근 건강보험과 관련한 메가트렌드는 저출산 고령화에 따른 비용문제와 혜택을 강화하는 문제로 접근하고 있다. 비용부담을 줄이고 혜택은 늘린다는 상호 유기적인 접근방법을 찾고 있다.

아. 변화 현상

우리 사회는 현재 본격적인 저출산 고령화사회를 맞고 있다. 기혼인구 감소와 비혼 경향은 이런 인구구조 변화를 더욱 촉진할 것이다.

우울증 증가, 무기력, 의욕상실, 금전문제, 실업, 범죄, 폭력, 환경파괴, 재난재해 등 정신질환 요인도 다양화되어 인구구조 변화에 한몫할 것이다.

다가오는 변화는 누구라도 예상할 수 있다. 정치불신 증가, 인구와 국력이라는 미래등식의 파괴, 2020년부터 인구감소 시작, 무너진 중산층의 영향, 웹4.0 시대, 민주화, 정보접근제약의 해소, 도시로 몰리는 인구, 복잡하고 바쁜 시대에 혼인하지 않는 인구 증가, 3D 프린터 기술 발달, 의료의 발달로 수명연장 등이 수없이 변화하는 현상들이다.

저출산으로 인한 인구정점과 멸종에 대한 생각, 생명공학의 발달로 노화방지, 줄기세포기술 발달, 인조장기나 복제 장기 등, 예측이 불가능한 세상 점점 더 다가올 수도 있다.

무소유의 공유경제 활성화, 지구온난화로 인구이동 가속화, 배아기술의 발달, 개발도상국의 건강관리프로그램 혜택 증가, 노화억제기능의 발달로 인한 개인의 사생활 보호가 가장 큰 이슈가 될 수도 있다.

초고령화 시대 무엇이 필요할까? 누구누구를 어떻게 보장할 것인가라는 질문을 해본다. 출산율이 떨어지면 어떤 문제가 발생할까? 기존에 유치원이 있던 자리가 요양원과 요양병원으로 변모한 지가 여러 해가 지났다. 길에 북적거리던 어린아이를 보기가 어렵고 지하철엔 노인들만 보인다.

가정과 가족의 변화로 인하여 한집에 모여 사는 가정의 구성단위도 변하고 있다. 지금 시대는 가족이 4명이면 가구도 4가구로 변화하고 있는 것이다.

기술의 발달로 인하여 지도와 주거환경이 변화한다. 또한 이러한 변화가 사회를 재조정하게 된다. 부모를 어떻게 모셔야 하나? 생명을 연장하는 의료기술의 발달로 재생의학을 통한 노화 중지와 수명연장이 된다면 언제까지 모셔야 할까? 스스로 미래를 준비하는 방법은 무엇인가?

미래 변화와 관련 있는 키워드를 꼽으라면 대부분이 인공지능의 진화, 수명연장, 우주개발, 지구온난화, 대체에너지를 연상할 것이다. 인간의 적응력을 능가하는 인공지능의 발달로 영향력 확대와 의존력이 높아지게 된다. 의존력 확대에 따라 인류의 미래를 걱정하는 소리도 나온다. 과거의 경험을 회상하면 이는 기우다. 텔레비전이 바보상자라고 불리던 시절에 우리는 모두 미래에 바보가 될 거라고 예측했지만 아무도 바보가 되지 않았다. 우리 인간은 아무리 새로운 기계적인 변화가 찾아와도 새로운 방법에 적응하여 진화하는 능력을 지니고 있다.

자. 복지정책과 복지정치구별, 그리고 복지행정 실현은 가능한가?

각종 다양하고 새로운 복지정책을 학문적 이론적으로 만들어 내는 것은 전문가들이 연구를 통해 이루어나갈 부분이며, 충분한 소재를 지니고 있다. 미래는 다양한 소재로 연구한 내용들을 검토하여 현실적인 정책으로 풀어 내야 한다.

이렇게 나온 다양한 정책들이 현실정치에 맞는지 여부를 검토, 결정하여야 한다. 복지정책의 대안이 부재한 경우 무엇이 문제인지, 복지정치 무관심에서 오는 것이 무엇인지를 명확히 분석해야 한다.

시대의 여론과 국민 정서에 알맞은 정책들이 공개적인 자리를 통해 확장될 필요성이 있다. 복지정책이 포퓰리즘의 복지정치로 이어지는 경우가 많이 있다. 그러나 수용된 정책은 행정적인 디자인을 통하여 국민에게 신뢰를 얻을 수 있도록 전달되어야 한다.

복지라는 정책은 대부분 체험의 정책이기 때문에 누구나 이야기할 수 있는 부분이 많다. 국민들이 이런 복지가 있구나 하며 지금의 복지라면 더 확대하여 줄 것을 자연스럽게 피부로 접할 때 신뢰가 형성되는 것이다. 일례로 의료민영화 정책 발표나 유사한 무상 제도가 언론에 보도되면 혜택이 줄어들고 부담이 늘어나는 것에 대하여 민감하게 반응한다. 이런 것들이 바로 복지체험의 효과이다.

최근 건강보험료 부과기준도 바로 체험의 결과로 이어지는 저항이다. 부과기준 개편 논의가 국민적 쟁점 사안으로 부각되는 것도 이러한 측면에서 일맥상통한다고 볼 수 있다. 즉 체험과 형평성에 대한 확신이 있을 때 반발 없는 개편이 가능해지는 것이다.

증세나 재원확보를 통해서만 복지가 가능한가의 문제는 행정실현이라는 투명성과 효율성을 통해서도 일부가 실현될 수 있다. 다양한 복지전략을 행정운영의 기능적 방법으로 실현한다면 가능한 일들도 많이 존재하기 때문이다.

우리는 이런 것들에 대하여 자신의 입장을 버리고 다시 한번 미래를 위해 설계해야 한다. 복지를 담당하는 행정 조직 간에는 배려와 공존이 필요하다. 그러나 조직간 협조가 원활하게 추진되지 않는다면 행정 효율성 측면에서 정(+)과 부(−)의 효과가 바뀌는 일들이 비일비재하게 발생된다.

비효율적인 기존 조직이 유지와 생존을 위하여 얼마나 많은 자원과 예산이 낭비되는지, 이 문제는 미래를 위하여 재설계 되어야 한다. 또 미래의 복지는 특정 소수만을 위한 제도가 아니라, 대중을 위한 지혜로 접근하여야 더 긍정적인 발달을 도모할 수 있다.

3. 미래가 궁금하다

| 가. 의료 변화 어디까지 |

   생명과학기술, 나노바이오기술, 유전공학이 발달하고 있다. 이런 기술개발로 인하여 미래의 의료는 첨단과학과 각종 최첨단 장비를 이용한 예방 치료와 대체치료기술의 발달로 이어진다.

   한편으로는 수명연장기술, 노화 방지 기술, 신체 대체 기술 등이 발전할 것으로 예측된다. 예를 들어 은나노 입자를 통한 종양세포 파괴로 전립선암 치료가 가능할 수 있다. 나노입자가 다른 세포를 해치지 않고 종양 표적에만 약물을 전달하는 방법이 연구 중에 있다.

   나노모터가 당뇨병 환자에게 인슐린 약물을 전달한다거나, 자가 조절이 가능한 인공심장 이식수술이 보편화하는 등 다양한 치료기술도 등장할 수 있다. 줄기세포는 뇌졸중 환자의 치료 효과를 극대화할 것이며, 복제는 망가진 장기와 관련이 있을 것이다. 즉, 자신의 신체 일부를 복제하여 수명연장과도 연관될 것이다.

응급처치에 사용되는 신기술, 알츠하이머, 뇌졸중에 의한 기억복구 기술, 신경이식수술, 치매치료 기술, 예방의학의 발달, 당뇨병 예방은 신진대사 조절을 통하여 가능할 것이다. 암 치료의 부작용 문제도 해결될 것이며, 빅테이터의 자료는 맞춤의학의 보편화, 치료 정확도를 높이는 기술의 발달, 3D 프린터의 발달로 인하여 건강과 의학 의료분야의 변화가 찾아올 것이다.

약국에서는 줄기세포 판매가 가능한 세상이 올 수 있다. 더 저렴한 개인맞춤형 방법 적용으로 신체부위의 치료는 빨라지고, 인공 장기에 의한 재생기술이 발달한다. 유전자 정보를 이용하여 질병 및 건강문제가 진단되고 빠르게 치료할 수 있다. 30분 걸리는 휴대용 혈액검사장치로 이동형 개인의 건강검진도 가능할 수 있다.

미국의 에릭토플 의사는 "과거와는 완전히 다른 의사가 필요하다"고 말한다. 그의 말처럼 의사는 더 정확한 치료법을 제공하는 데 초점을 맞춰야 한다. 왜냐하면, 디지털, 모바일기기와 클라우드 컴퓨터, 소셜네트워크 등의 발달과 유전체학, 바이오센서 등 디지털의료 분야의 빅테이터 융합으로 환자 스스로 건강진단 능력이 향상될 수 있기 때문이다.

미래의료분야는 정밀한 예방의학에 초점을 두고 추진하여야 한다. 이는 발병 전 치료로 생존율을 높이고 재정 절감과 개개인의 건강욕구에 맞춘 진단이 가능할 수 있게 한다.

최근 들어 인공지능이 질병을 진단한다. 의사들이 인공지능의 진단에 다각적인 의료진료 시스템으로 판단하여 수술 여부를 결정하는 AI시스템이 도입되고 있다. 로봇을 통한 복잡한 정밀 수술법은 인간의 손이 접근하기 어려운 세밀한 장기까지 시술되고 있다.

나. 질환의 패턴 변화

반려동물과 같이 생활하는 사람들의 증가로 인하여 동물을 매개로 한 질환이 증가할 것으로 예상된다.

가공식품 섭취로 인한 나트륨 증가, 오염된 물에 의한 식수, 흡연이나 대기오염 등에 의한 호흡기 질환 등이 만연할 것으로 보인다.

또한 사람에서 사람으로 옮겨지는 감염성 질환, 지구환경 변화에 따른 다양한 변화로 인하여 각종 환경성 질환이 증가할 것으로 보인다.

다. 통일에 대비한 건강보험

북한 의료보장의 기본은 인민보건법에 따른 무상치료제도이고, 고려의학이라는 한의학이 발전하였다. 의사는 호담당제를 통한 의료전달체계가 운영되고 있다.

통일에 대비하기 위해서는 여러 가지 단계적으로 접근하는 방법과 연구가 중요하다. 기본적으로는 우리의 건강보험제도를 보완하고 상호 융합하는 기본적인 방향성부터 논의되어야 한다.

보건의료공급체계의 문제는 민간영역과 공공영역의 조화를 고려하여야 한다. 인력, 시설, 자본의 보유 상태를 고려하여야 한다. 현재 우리나라는 80%가 민간에 의한 시설영역이고, 북한은 국가공급의 의료자원을 가지고 있다. 의료 인력은 우리나라는 전문의가 대부분이나, 북한의 경우 일반의가 대부분이다.

북한은 진료전달체계에서 주치와 유사한 성격을 가지는 호담당의사제가 있다. 우리나라는 현재 1차의료가 정립되어 있지 못한 문제를 안고 있다. 가장 차이가 큰 유상진료와 무상치료의 조화도 고민해야 한다.

종합적으로 의료접근성의 이원적 구조, 보험급여의 이질성 문제 해소에 관심을 두어야 한다. 국가 운영체제가 달라 상호 다른 방법으로 유지되어온 이원적 구조를 통한 재원조달 문제, 보험료와 조세의 조화 등 통일에 대비하여야 한다. 특히, 무상치료와 예방의학 제도의 강점으로 승화할 수 있도록 연구되어야 한다.

라. 국민건강보험공단의 2025년 미래 준비 계획

최근 국민건강보험공단은 내부적으로 환경변화에 유연하게 대처하는 스마트한 조직으로 혁신을 추진하고 있다. 지속 가능한 건강보장의 새로운 10년을 준비하기 위한 방안으로 뉴비전을 발표하였다. '평생건강, 국민행복, 글로벌 건강보장 리더'라는 비전 제시와 '세상을 아름답게, 평생건강 With You!'라는 슬로건을 통해 최상의 건강서비스로 국민의 평생 건강을 지켜 행복한 세상을 열어가며, 글로벌 건강보장의 리더로 나아간다는 임직원들의 의지를 담아 대내외에 뉴 비전을 공포하였다.

희망과 행복, 소통과 화합, 변화와 도전, 창의와 전문성이라는 뉴비전의 핵심가치는 국민보건 향상과 사회보장 증진, 상생의 보건의료체계 구축, 제도의 지속 가능성 확보, 최고의 전문성 확보라는 취지를 담고 있다.

이를 추진하기 위한 5대 전략으로 지속 가능하고 의료비 걱정 없는 건강보험, 건강수명 향상을 위한 전 국민 맞춤형 건강관리, 노후 삶의 질 향상을 위한 품격 높은 장기요양보험, 보험자 기능 정립으로 글로벌 표준이 되는 제도, 자율과 혁신으로 생동감과 자긍심 넘치는 국민건강보험공단으로 거듭난다는 목표를 세워 놓고 있다.

향후 가입자, 공급자, 정부 등 이해관계자와의 상생협력을 바탕으로 장기적 성장 기틀 마련과 보건의료체계 선진화를 선도하는 보험자로서의 위상을 강화한다는 내용을 담고 있다.

공단은 이렇듯 미래지향적인 사고로 지금의 국민건강보험제도를 튼튼한 국가 건강보장제도로 확립하여, 50년 100년 후에도 길이길이 후손에게 물려줄 지속 가능한 건강보장을 만들기 위하여 새로운 미래를 준비하고 있다.

마. 건강보험심사평가원의 2025년 미래 준비 실천 계획

새로운 비전은 '건강하고 안전한 의료문화를 열어가는 국민의료평가기관'으로 도약을 위하여 준비하고 실천한다는 계획이다.

주요 내용을 살펴보자. '건강하고 안전한 의료문화'란 의료이용자는 더 나은 품질의 의료를 안전하게 이용하고, 의료공급자는 견실하게 성장하면서 더 건강한 의료를 만들어가는 상태를 의미한다.

'건강보험과 보건의료의 발전을 통한 국민건강 증진'이란 미션은, 국민건강 증진에 기여하는 방법을 의료의 질 향상과 비용의 적정성 보장영역으로 한정하지 않고, 미래의 소명까지 반영하겠다는 확장 가능성을 염두에 두고 있다.

비전과 미션의 실천을 위해 조직과 구성원이 지향하는 '4대 핵심가치'는 국민을 최우선으로(People First), 여러 이해관계자들과 소통과 협력(Collaboration)하되, 독립기관의 공정과 균형(Balance)을 유지하며, 열린 마음을 가진 최고 전문가(Expertise)로서 늘 생각하고 실천한다는 경영가치체계를 수립이다. 이를 통해 평가원은 국민의료평가기관으로서의 역할을 수행하기 위한 새로운 도약을 준비하고 있다.

건강보험과
노인장기요양보험의
이해와 활용

5장

노인장기요양 보험제도

　노인장기요양보험제도는 스스로 일상생활이 곤란한 65세 이상 노인과 치매, 뇌혈관성 질환, 파킨슨병 등 노인성 질환을 가진 65세 미만자가 장기요양 수급자로 인정받은 경우에 보험으로 요양 관련 서비스를 받을 수 있는 제도이다.

　수급자로 지정되면 가정이나 장기요양기관(입소시설, 주·야간 보호, 단기보호)에서 신체활동이나 가사활동 지원 등의 장기요양서비스를 받을 수 있다.

　영국, 호주, 스웨덴, 독일, 일본, 네덜란드, 미국, 캐나다 등 선진국에서는 급속한 고령화로 사회불안 문제가 대두하자 이미 오래전부터 다양한 방식으로 장기요양급여를 제공하고 있다. 독일은 1995년 수발보험, 일본은 2000년도 개호보험이란 이름으로 전 국민을 대상으로 제도를 도입하여 실시하고 있다.

1. 노인장기요양의 필요성

우리나라는 고령화 진전과 함께 핵가족화, 여성의 경제활동 참여가 증가하면서 노인에 대한 종래 가족의 부담이나 부양이 한계에 도달했다.

일반적으로 나이가 들면 사회적·경제적인 활동과 일상생활 능력이 크게 줄거나 상실되며, 신체기능도 쇠약해져 치매·중풍 등으로 혼자 살기 어려워지므로 가족의 도움과 함께 사회적인 보살핌을 필요로 한다. 우리나라 속담에 오랜 병에 효자 없다는 말이 있듯이 보호기간 장기화(평균 5년 이상 41.8%)는 가족과 요양대상자의 심리적·경제적·육체적 부담을 키운다. 따라서 세수, 양치질, 화장실 이용, 소변조절, 걷기 등 일상에서 신체의 기능이 불안정한 상태가 지속되면 노인장기요양보험에 등급을 받기 위해 신청하고, 판정된 등급 결정에 따라 보험에서 제공하는 각종 요양서비스를 이용할 수 있다.

2. 장기요양 급여종류

장기요양급여는 크게 재가급여, 시설급여, 특별현금급여, 기타 재가급여(복지용구)로 나누어 서비스를 제공한다. 우리나라는 2008년 7월 1일부터 장기요양수급자에게 이러한 급여를 시작하였다.

가. 재가급여

장기요양요원이 수급자의 가정 등을 방문하여, 세면, 배설, 화장실 이용, 옷 갈아입기, 머리감기 등 신체활동을 돕고, 취사, 청소, 주변 정돈 등 일상생활에 불편함이 없도록 지원하는 급여이다. 장기요양 5등급을 받은 사람(치매판정 등급)은 자주적 활동과 잔존기능을 유지하도록 인지활동형 방문요양도 실시하고 있다.

급여종류는 목욕설비를 갖춘 장비를 이용하여, 수급자의 가정 등을 방문하여 목욕을 제공하는 목욕 급여, 간호사 등이 의사, 한의사 또는 치과의사의 지시에 따라 가정 등을 방문하여 간호, 진료의 보조, 요양에 관한 상담 또는 구강위생을 제공하는 방문간호 급여, 수급자를 하루 중 일정한 시간(월 15일 이내) 동안 장기요양기관에 보호하여 신체활동 지원 및 심신기능의 유지, 향상을 위해 교육, 훈련 등을 제공하는 주·야간 보호 급여가 있다.

단기보호 급여는 수급자를 일정 기간 장기요양기관(단기보호시설)에 보호하여 신체활동 지원과 심신기능의 유지·향상을 위한 교육·훈련 등을 제공하는 급여이다. 수급자의 일상생활·신체활동 지원에 필요한 용구로 보건복지부 장관이 정하여 고시하는 것을 제공하거나 대여해 주는 기타재가 급여(복지용구)도 있다.

나. 시설급여

장기요양기관이 운영하는 노인의료복지시설, 노인요양시설, 노인요양 공동생활가정 등에 장기간 입소하여 신체활동 지원 및 심신기능 유지·향상을 위한 교육·훈련 등을 제공하는 장기요양급여를 말한다. 2016년 7월부터는 치매전담실이 있는 시설에서 치매등급을 받은 인정자도 이용할 수 있다.

다. 특별현금급여

　가족요양비, 특례요양비, 요양병원간병비가 있으며, 현재 우리나라에서는 가족요양비만 시행되고 있다. 가족요양비는 수급자가 장기요양기관이 현저히 부족한 지역(도서·벽지)에 거주하는 경우, 천재지변 등으로 장기요양기관이 제공하는 장기요양급여를 이용하기 어렵다고 인정되는 경우, 신체·정신·성격 등의 사유로 인하여 가족 등으로부터 방문요양에 상당한 장기요양을 받는 경우에 수급자에게 지급하는 현금급여로 현재 장기요양등급에 관계없이 월 150,000원이 지급되고 있다.

3. 장기요양급여 이용 절차

장기요양급여 서비스를 이용하려면 먼저 대상자로 인정을 받아야 한다. 대상자 신청은 국민건강보험공단의 노인장기요양보험운영센터에 직접 방문하거나, 우편, 팩스, 홈페이지(www.longtermcare.or.kr)를 통해 할 수 있다.

신청자격은 장기요양보험가입자 및 그 피부양자, 의료급여수급권자 중 65세 이상의 노인 및 만 65세 미만으로 노인성 질병을 가진 사람이다. 노인성 질병은 치매, 뇌혈관성질환, 파킨슨병 등 한국표준질병·사인분류에 의한 21개 질병이다. 확인방법은 의사소견서 또는 진단서에 의한다.

〈노인성 질병의 종류(시행령 제2조 관련)〉

■ 한국표준질병 사인분류

질병명	질병 코드
A. 알츠하이머병에서의 치매	F00
B. 혈관성 치매	F01
C. 달리 분류된 기타 질환에서의 치매	F02
D. 상세불명의 치매	F03
E. 알츠하이머병	G30
F. 지주막하출혈	I60
G. 뇌내출혈	I61
H. 기타 비외상성 두개내 출혈	I62
I. 뇌경색증	I63
J. 출혈 또는 경색증으로 명시되지 않은 뇌졸증	I64
K. 대뇌경색증을 유발하지 않은 뇌전동맥의 폐쇄 및 협착	I65
L. 뇌경색증을 유발하지 않은 대뇌동맥의 폐쇄 및 협착	I66
M. 기타 뇌혈관 질환	I67
N. 달리 분류된 질환에서의 뇌혈관 장애	I68
O. 뇌혈관 질환의 후유증	I69
P. 파킨슨병	G20
Q. 이차성 파킨슨증	G21
R. 달리 분류된 질환에서의 파킨슨증	G22
S. 기저핵의 기타 퇴행성 질환	G23
T. 중풍후유증(中風後遺症)	U23.4
U. 진전(振顫)	U23.6

※ 질병명 및 질병코드는 「통계법」 제22조에 따라 고시된 한국표준질병 사인분류에 따른다.

신청이 접수되면 인정조사를 위해 방문하겠다는 연락이 오게 된다. 간호사, 물리치료사, 사회복지사 등 자격이 있는 국민건강보험공단 소속 장기요양직원이 직접 방문하여 장기요양인정조사표에 따라 조사대상자의 심신상태 등을 확인한다. 조사내용은 신청인의 신체기능, 인지기능, 행동변화, 간호처치, 재활 등 인정조사 부분과 희망급여, 생활환경, 질병 및 증상 등 급여계획을 수립하는데 필요한 항목(현재는 12개 영역 90개)을 조사한다.

인정조사가 이루어진 후에는 혜택부여 가능여부를 결정하는 등급에 필요한 기준에 따라 행정 절차가 이루어진다. 의료인, 사회복지사, 법률전문가, 공무원 등 전문가로 구성된 장기요양등급판정위원회(장기요양 인정 및 장기요양등급 판정을 위한 심의의결 기구)는 국민건강보험공단 소속 장기요양직원이 방문하여 조사한 결과와 의사소견서를 토대로 6개월 이상 일상생활을 혼자서 수행하기 어려운 경우에 장기요양급여를 받을 대상자로 판정하고 장기요양등급을 부여한다. 등급은 노인의 기능상태, 활동상태 등 장기요양이 필요한 정도에 따라 1~5등급으로 판정한다.

〈장기요양이 필요한 기능상태와 수준〉

상태	수준
1등급	장기요양인정 점수 95점 이상
	일상생활에서 전적으로 도움이 필요한 상태
2등급	장기요양인정 점수 75점 이상 95점 미만
	일상생활에서 상당 부분 도움이 필요한 상태
3등급	장기요양인정 점수 60점 이상 75점 미만
	일상생활에서 부분적으로 도움이 필요한 상태
4등급	장기요양인정 점수 51점 이상 60점 미만
	일상생활에서 일정 부분 도움이 필요한 상태
5등급	장기요양인정 점수 45점 이상 51점 미만
	치매(노인장기요양보험법 시행령 제2조의 노인성 질병에 해당하는 치매) 환자

　장기요양등급판정위원회의 등급판정결과에 따라 수급자로 판정된 경우 장기요양인정서와 표준장기요양이용계획서를 통지받는다. 인정받지 못한 경우에는 장기요양인정 신청 결과 통보서를 신청자에게 통보한다. 참고로 장기요양인정서에는 인정자에게 장기요양등급과 유효기간, 급여의 종류 및 내용 등이 명시되어 있다.

　표준장기요양이용계획서에는 장기요양수급자에게 장기요양급여를 원활히 이용할 수 있도록 급여의 종류·내용과 비용이 기재되어 안내가 이루어진다. 이용하려면 공단의 안내에 따라 수급자가 자율적으로 장기요양기관을 선택하여 급여계약을 체결한 후 시설 및 재가 장기요양급여를 받을 수 있다.

장기요양수급자는 국민건강보험공단으로부터 통보받은 장기요양인정서의 유효기간 내에서 본인의 선택에 따라 계약을 체결한 후 장기요양기관이나 집에서 장기요양급여를 받을 수 있다.

장기요양기관은 장기요양수급자에게 표준장기요양이용계획서를 고려하여 구체적인 계약 내용에 따라 급여를 실시하여야 하며, 장기요양수급자와 체결한 계약 내용을 '장기요양급여내용통보서'에 의하여 공단에 지체 없이 통보하여야 한다. 이때, 공단은 수급자(가족 등)에게 인정서와 표준장기요양이용계획서의 내용을 설명하고 급여이용절차 등을 안내하며, 정기적인 상담을 통하여 급여를 원활히 이용할 수 있도록 지원한다.

4. 장기요양보험에 소요되는 재원조달

장기요양급여에 소요되는 비용은 국민들이 납부하는 장기요양보험료와 국가 부담(정부 지원), 그리고 장기요양급여 이용자가 내는 본인 부담으로 조달된다.

장기요양보험료는 건강보험료×장기요양보험료율로 정하여진다. 장기요양보험료율(%)은 장기요양위원회의 심의를 거쳐 대통령령으로 정한다. 장기요양보험료를 납부하여야 하는 대상은 건강보험과 동일하다.

국가 부담(정부 지원)은 예산의 범위 안에서 해당연도 장기요양보험료 예상수입액의 20%에 상당하는 금액을 지원한다. 국가와 지방자치단체는 의료급여수급권자의 장기요양급여비용 및 관리운영비를 전액 부담한다. 급여를 받는 본인이 부담하는 비용은 재가급여이용 시에는 해당 장기요양급여비용의 15%, 시설급여는 해당되는 장기요양급여비용의 20%를 부담하게 된다. 예외적으로 국민기초생활보장법에 의한 수급권자는 본인부담금이 면제되거나, 그 외 다른 법령에 의한 의료급여수급권자는 50% 경감된다.

5. 부당청구 장기요양기관 신고·포상금제 안내

    노인장기요양보험 재정 누수를 방지하고 올바른 수급질서를 확립하기 위하여 부당한 방법으로 장기요양급여비용을 청구한 장기요양기관을 신고할 경우 포상금을 지급하고 있다.

    요양보호사, 사회복지사, 간호(조무)사, 물리치료사, 기타 직원 등이 종사하거나 종사하였던 장기요양기관을 신고하는 경우, 복지용구 제조업자·판매업자에게 고용되어 있거나 고용되었던 자가 복지용구 사업소를 신고하는 경우, 장기요양급여를 받은 자 또는 그 배우자와 직계존비속이 그 장기요양급여비용에 대하여 신고하는 경우에는 내부종사자 신분으로 신고할 수 있다. 그 외 일반 신고인은 육하원칙에(누가, 언제, 어디서, 무엇을, 어떻게, 왜) 따라 신고대상 및 내용을 명확히 기재하여 건강보험공단 운영센터에 방문·우편·인터넷·출장(부득이한 사유가 발생되어 접수된 경우) 등의 신고가 가능하다.

    인터넷에서는 노인장기요양보험 인터넷 홈페이지(www.longtermcare.

or.kr)에 상설 코너가 운영되고 있다. 신고 상담 전화번호는 033-811-2008(전화 연결 후 ①번 선택, 본부 업무 담당자 직접 연결)이다.

신고대상은 장기요양급여비용 부당청구와 관련된 장기요양기관의 불법·부당행위 일체이다. 포상금은 내부종사자는 최고 5,000만원이고, 수급자 또는 그 가족은 최고 500만원, 일반 신고인은 최고 500만원이다. 포상금은 부당청구로 확인된 금액에 따라 공단부담금 중 신고와 관련된 기준금액으로 지급하게 된다.

신고인의 신분에 대한 비밀은 철저히 보호되며, 신고내용이 허위인 경우에는 관련 법령에 따라 처벌될 수 있다.

6. 인지장애(치매)에 대한 이해

치매는 과거에는 노망이라고 불리기도 하였으나 주로 노령으로 인하여 인지적인 기억력과 판단력 등의 여러 영역에서 기능이 감퇴하는 노화 과정이다.

치매는 공포와 두려움, 낯섦을 동반하는 질병현상으로 볼 수 있다. 치매를 뜻하는 라틴어는 'dementia'로서 어원의 의미는 '기억의 부재현상'이다. 1838년 프랑스의 의사 에스키롤(Esquirol)이 치매를 의학적으로 정의를 내린 이후부터 학술적 연구의 대상이 되었다.

오늘날에는 인지장애에 대한 새로운 사회적 문화적 인식 변화가 요구되고 있다. 따라서 인지장애(치매)의 조기발견은 당사자나 가족에게 큰 축복이나 다름없다. 조기발견은 인지장애 여부를 포함한 원인이 분명해진다는 점에서 조기에 적절한 대응이 가능할 수 있기 때문이다.

조기발견이 아니더라도 인지장애에 대한 올바른 지식 및 대응은 생활의 혼란을 최소화하고 장애의 진행을 더디게 할 수 있다. 또 국가나 지방자치단체 공공기관에서 실시하는 각종 제도 및 제공되는 서비스 이용 등도 여유를 가지고 접근할 수도 있다.

인지장애는 원인에 따라서는 조기발견으로 치료가 가능하기도 하다. 특히 65세 이하에서 증상이 나타나는 젊은 층의 인지장애는 조기발견이 매우 중요하다. 노력 여하에 따라서는 하던 일을 계속할 수도 있다.

치매의 대응에 있어서는 의사와 환자 관계가 인간적인 측면에서 아주 중요하다. 따라서 의사와 초기 단계부터 대화를 통해 신뢰를 쌓아가며 상담을 받아야 한다.

인지장애는 몇 가지 뇌의 질병으로 인하여 나타나는 증상이라고 한다. 원인이 되는 질병으로는 뇌질환, 뇌혈관 질환, 결핍성 질환, 대사성 질환, 중독성 질환, 감염성 질환 등인데, 이런 원인에 따라 증상의 발현도 조금씩 달라진다.

치매의 종류는 알츠하이머병, 퇴행성 치매, 혈관성치매, 크로이츠펠트, 야코프병에 의한 치매, 대상성 질환으로 인한 치매, 알코올성 치매 등이 있다. 치매 종류에 증상이 다르기도 하지만 기억장애가 가장 두드러지게 나타나는 증상 중 하나이다. 기억장애 외에도 종종 실제 존재하지 않는 것이 보이기도 하며, 억제된 증상이 밖으로 나타나기도 한다.

경증상태의 인지장애 단계에서는 조기에 발견하고 대응한다면 치료가 가능하다. 경도인지장해(MCI)는 꼭 인지장애로 발전하는 것은 아니며, 꾸준한 운동 및 생활습관병 치료, 뇌 트레이닝 등으로 예방할 수도 있다.

건강보험과
노인장기요양보험의
이해와 활용

부록

국민건강보험공단 입사와 근무(TIP)

1. 국민건강보험공단 신입직원 TIP

가. 사전준비

국가직무능력표준(NCS, National Competency Standards)은 국민건강보험공단에서 직무를 수행하기 위해 요구되는 지식 기술 소양 등의 내용을 부문별 수준별로 체계화한 것으로, 직무를 성공적으로 수행하기 위해 필요한 능력(지식, 기술, 태도)을 국가적 차원에서 표준화한 것을 의미한다.

건보공단 입사를 위해서는 NCS를 바탕으로 건강보험 현안과 국민 정서에 대한 이해가 있어야 하며, 광범위한 기술적 작업을 수행하려면 조직 및 업무 전반에 대한 권한과 책임에 따라 부여된 수준을 이해하여야 한다. 나아가 건강보험 분야에 대한 이론 및 지식을 활용하여 새로운 방안을 창조할 수 있어야 한다.

역량은 조직 및 업무 전반에 대한 권한과 책임이 부여된 수준이며, 스스로 일정한 기능과 직무를 독립적으로 수행 가능해야 하며, 명확한 성과

(outcome)를 도출해야 한다.

이 책은 건강보험공단인으로서 갖추어야 할 기본적인 소양과 지식 함양에 필요한 법규, 사실, 이론, 개념, 원리에 관한 사항을 활용할 수 있도록 구성되어 있다.

국민건강보험공단에 입사를 희망하는 경우 다양한 사전지식 습득이 중요하다. 습득된 사전지식은 면접 시 질의응답에 자신감을 가질 수 있다. 최근 이슈되는 지식을 얻으려면 최근 6개월간 언론을 통해 보도된 신문기사를 통해 건강보험 이슈가 무엇인지 관심을 갖고 그 내용을 파악해야 한다.

파악된 내용을 이해하는 데는 생소한 용어 때문에 이해가 어려울 수 있으니 기본적인 용어와 개념을 인지하는 학습도 필요하다.

자격이란 무엇인가? 자격관리는 무엇이며 왜 하는가? 보험료 부과는 왜 문제가 되는가? 지금 건강보험은 어떤 문제가 있고 어떤 방법으로 개선하려고 하는가? 개선 후에는 어떻게 좋아지는가?

이런 궁금증을 가지고 접근하여야 현안을 쉽게 이해할 수 있고, 관심 영역에 접근하는데도 용이할 수 있다.

나. 인성과 적성관리

직장은 본인이 취업을 통해 수입을 창출하는 방법 중 하나이다. 자기성취를 위한 인생의 새로운 시작이 되는 전환점으로서 개인의 목표가 될 수도 있다.

다른 한편으로 취업은 집단이라는 단체 생활이 반복적으로 이루어지는 공동체의 일원(회사소속)이 되는 일이다. 즉, 개인의 목표가 회사의 소속감을 통해 회사의 목표와 접목된다면 소속 직원이라는 신분을 갖게 되는 것이다. 따라서 회사소속의 직원이 되는 것은 개인의 성취를 위한 입문단계이다. 본인이 스스로 선택하여 추진하는 일이며 자신의 결정으로 이루어진다.

건보공단이 추진하는 목표가 있으며, 이에 따라 주어진 역할과 임무가 부여된다. 공단에는 이사장, 상임이사, 본부장, 지사장, 부장, 차장, 과장, 대리, 주임 등 직위와 직무에 따라 조직과 팀의 목표가 주어진다.

주어진 업무 목표를 달성하기 위해 여러 가지 직무활동이 수반되고, 업무 추진과정에서 지시와 처리라는 단어를 자주 접하게 된다. 지시의 내용에 따라 무엇을, 어떻게, 추진해야 하는지 방향성이 결정되고, 업무처리를 통해서는 조직이 원하는 결과를 도출해 내야 한다.

정형화된 업무처리는 입사 초기 수행과정의 능력 차이나 변별력이 없이 추진되는게 일반적이다. 업무에 필요한 다양한 지식도 깊이 있게 알지 못하더라도 교육이나 업무 수행과정을 통하여 충분히 숙지하게 되므로 그리 큰 문제나 장애가 되지 않는다.

가장 중요한 것은 자신이 단체생활에서 발생하는 다양하고 경험해 보지 못한 일들을 받아들이거나 거부하는 마음의 수용 여부가 중요한 요인으로 작용한다는 점이다. 업무를 보는 관점이나 생각은 개인마다 모두 다르기 때문에 긍정적인 사람과 부정적인 사람으로 구별될 수 있기 때문이다.

개인의 인식 차이는 어떤 업무가 떨어졌을 때 왜 나한테만 업무지시를 하느냐며 부정적인 입장으로 받아들이는 사람이 있는가 하면, 나한테 이런 좋은 업무가 맡겨졌다며 긍정적으로 수용하는 사람으로 나뉘게 된다. 이런 수용의 차이는 업무 과정은 물론 결과도 다르게 나타난다. 인식의 차이는 또 직장에 갖게 되는 애사심에서도 근본적인 차이로 이어질 수 있다.

직장생활에서는 누군가에게 도움이 되는 일이라면 스스로 앞장서야 한다. 정당한 행동을 하는 경우라면 주변을 의식하거나 눈치를 보는 일이 없어야 한다. 내가 해야 할 일이라면 나의 능력을 발휘하여 최선을 다해야 한다. 부족한 점이 있다면 주저 없이 선배에게 도움을 요청해야 한다.

어차피 임무가 부여되어서 해야 할 일이라면 기쁜 마음으로 받아들이고 추진한다. 언젠가 해야 할 일이라면 지금 생각날 때 바로 하면 된다. 물론 말처럼 쉽지 않은 것이 행동이다. 마음가짐에 따라 자신의 인성과 적성에 맞도록 변화한다면 어려운 일도 아니다. 직장에서 요구하는 인성과 적성은 선천적으로 타고나는 게 아니라 스스로 반복적인 훈련을 통해서도 만들어갈 수 있다.

다. 건강보험의 업무 특성 파악하기

건강보험 업무는 국민 전체를 대상으로 하는 일이다. 우리나라는 강제보험 형태이므로 국민 대다수가 가입자이고, 가입자의 보험적용 서비스 문의에 응대하는 일이 업무의 상당 부분을 접하게 된다.

가입자뿐 아니라 당장은 가입자가 아니더라도 조건 변동에 따라 가입자 신분이 될 수도 있다. 건강보험료를 내지 않고 의료보호를 받는 사람이라도 보호대상에서 제외되면 가입자가 될 수 있다. 즉, 가입자 변동이라는 순환구조에 의하여 보험료를 내야 하는 대상으로 바뀌는 것이다. 또 직장가입자의 피부양자(소득이 없으며, 직장에 다니는 가족의 부양의 받는 구성원)로 등재되어 있다가 소득여건과 부양여건이 변경되어 가입조건에 해당하는 경우도 종종 발생한다. 국민건강보험법으로 규정된 강제 가입절차는 국내 거주하는 모든 외국 사람도 가입 대상이 될 수 있다.

이처럼 건강보험 업무는 국민 대다수가 가입자인 상황에서 가입자가 아니더라도 어느 순간 가입자가 될 수 있으므로 업무 대상자가 국민 전체인 셈이다.

이에 따른 업무는 가입자인 국민의 자격관리, 보험료 관리, 보험료와 의료이용의 편차 문제, 보험급여 혜택 문제 등 다양하다.

자격이란 보험가입을 위한 조건이 부여되는 사람이고 가입자로서의 자격조건이 확정되면 가입형태(직장과 지역)에 따라 각기 다르게 보험료를 납부해야 한다. 가입자들이 납부한 보험료 수입금은 의료이용으로 발생한 진료비용으로 사용하게 된다. 매월 보험료를 많이 내는 사람과 적게 내는 사람이 생기고, 의료이용을 많이 하는 사람과 적게 이용하는 사람도 발생한다. 대부분의 국민들은 보험적용에 있어서 법에서 규정하는 내용과 의료 이용 시 보험급여 혜택을 잘 모를 수밖에 없다. 알고 있는 내용도 자주 변경되는 경우가 많기 때문에 현장 근무 직원에게 설명을 요구하는 경우가 항상 발생한다.

이렇듯 건강보험 업무는 국민 전체를 대상으로 광범위한 영역에 걸쳐 있다. 따라서 다양한 전문적인 지식을 통해 알기 쉽게 설명을 하여야 하는 업무가 주를 이루게 된다.

  대다수 국민은 공단에 다니는 직원이 모든 걸 다 안다고 생각하여 복합적인 질의를 하는 경우가 흔하다. 만일 전문지식이 부족하다면 설명을 요구하는 내용에 충분히 답변할 수 없다. 따라서 전문성을 겸비하는 일에 게을리하지 말아야 한다.

2. 초급관리자가 되기 위한 사전준비 TIP

가. 현안 숙지 방법

초급관리자가 되려면 건강보험 관련 제도나 정책 현안에 대하여 관심을 갖고 다양한 시각에서 전문지식으로 무장하여야 한다.

우수한 전문지식 보유여부는 결국 사전에 제공되는 현안에 따라 정해진 문서작성을 통해서 대부분 선발을 하게 된다. 정해진 짧은 시간에 문서를 작성하기란 그리 쉬운 일이 아니다. 따라서 문서작성의 방법에는 일정한 형식을 갖추어야 한다.

현안을 이해하기 위해서는 왜 추진하려고 하는지 이유나 상황을 파악해야 한다. 무엇이 현재 상황인지 법에서 정한 기준등이 문제가 있는지도 발췌해야 한다. 현재 상황에서 추진하지 않으면 어떤 결과가 야기되는지를 예측해야 하며, 어떻게 접근하고 문제를 해결해야 하는가를 고민하고 지금 추진하는 것이 왜 중요한지를 인식해야 한다. 또 어떤 대책과 방향성을 가지고 무엇을 실행해야 하는가를 탐색하고, 목적과 목표와 연계된 중장기적 방안도 고려하여야 한다. 해결하면 미래에 어떤 결과가 얻어지는지도 전반적으로 도출할 줄 알아야 한다.

나. 문장의 구성과 형식이해 방법

일반적으로 9형식을 통해 표현하는 경우 간결하고 누구나 이해할 수 있는 정리된 문장으로 표현할 수 있다. 아래의 ① 개요와 ⑨ 맺음말이 필요하지 않은 경우에는 7형식으로도 작성이 가능하다.

① 개요: 의의
② 배경: 상황, 법조항, 변화 필요성, 바꿔야 하는 이유 등이 포함되어야 한다.
③ 현재 상황 및 문제점: 환경 분석을 통한 문제 진단(장단점)이 되어야 한다.
④ 추진(개선) 방향과 목적(목표): 핵심적으로 해결할 대책 마련이 중요하다.
⑤ 세부 실행방안: 개선안에 따른 세부 대책 마련이 필요하다.
⑥ 장애발생 요인 제거: 장애를 극복하기 위하여 사전, 사후조치가 마련되어야 한다.
⑦ 점검 및 피드백: 잘되고 있는지 평가나 보완조치가 있어야 한다.
⑧ 기대효과: 미래의 상태나 실행 후 나타날 바람직한 결과를 표출하여야 한다.
⑨ 맺음말: 각오, 다짐, 결의, 의지를 피력하고 표현되어 야 한다. (인용)

다. 실전연습 사례

건강보험에 관련된 보도자료나 해당기사를 보고 타이틀(제목)을 적어놓고 자주 숙지하여야 현안 내용을 쉽게 파악할 수 있다. 각종 토론회 및 세미나 자료를 통해 넓은 시각에서 주제를 생각해보기도 해야 한다.

아래의 예시 문장을 통해 위에서 표현한 9형식을 토대로 하여 보고서를 작성해 보기 바란다.

실습예시

주제) 건강에 해롭다는 담배 가격이 왜 저마다 다른 것일까?

타르, 니코틴 함량 외엔 첨가물 표시가 전혀 없다.

담배사업법 제25조의 2(담배성분의 표시)는 '제조업자와 수입판매업자는 담배 한 개비의 연기에 포함된 주요성분과 그 함유량을 담뱃갑의 포장지에 표시하여야 한다. 그 밖의 성분 표시에 필요한 사항은 대통령령으로 정한다'고 규정하고 있다. 담배사업법 시행령 제9조의 3(표시성분의 종류 및 표시방법)에는 '타르와 니코틴을 말한다'고 되어 있다. 또한 시행령 제9조의 4(담배성분의 측정기준 등)에는 '담배연기 성분 시험방법 등과 측정기준은 기획재정부령으로 정한다'고 규정되어 있다.

왜 성분을 타르와 니코틴만을 표기하는 걸까? 타르와 니코틴의 함유량이 담배 가격을 결정하는 것일까? 하는 궁금함이 생긴다.

담배에 대하여는 왜 가격이 결정되는 시스템이 관대한 것일까?

소비자기본법 제4조 소비자의 기본적 권리조항에 따르면 담배로 인한 생명과 신체에 대한 위해로부터 보호받을 권리가 있다. 한편 소비자는 담배를 선택함에 있어 필요한 지식, 가격, 거래조건 등을 자유로이 선택할 권리와 정보를 제공받을 권리가 있다.

사람의 인체에 흡입되는 담배는 타르와 니코틴의 성분표기를 넘어서는 보다 구체적인 성분표기 방법의 적용에 따라야 한다고 생각한다. 현행 판매되는 타르함량과 니코틴 함량에 따라 가격이 달라진다면, 타르와 니코틴 함량이 같은 동일 종류의 담배 가격은 동일해야 할 것이다.

담배의 가격이 타르와 니코틴 함유량에서 결정된다면 이들의 함유량을 줄이기 위한 성분과 첨가물이 무엇인지를 소비자에게 알려주어야 한다. 이에 사용되는 첨가물이 동일하다면 담배 가격에 차이가 발생하는 이유를 설명하고 밝혀야 한다.

담배 가격을 결정하는 요소는 매우 다양할 수 있다.

우리는 우리 사회를 보통 투명사회라고 칭한다. 소비자의 선택이 존중받는 소비자 주권의 시대라고도 흔히 말한다. 현대사회에서 다양하게 생산되는 제품은 가격과 제품의 성분에 따라 소비자가 선택을 하게 된다.

담배를 기호품이라 칭하던 시절이 있었다. 그러나 지금은 담배를 피우는 것을 질병으로 칭한다.

각종 질병의 원인을 제공한다는 담배물질에만 왜 유독 관대한 것일까?

담배의 유해광고가 담배포장에 일부 표기되기를 권고하거나 법제화하고 있다. 근본적인 이유는 담배 가격이 왜 차이가 나는 걸까? 하는 이유와 제조과정에서 첨가되는 첨가물질이 무엇인지 성분과 함량을 표기하고 소비자에게 알려주어야 한다. 이제 담배에 표기되는 전 성분 표기조항을 강제하여 소비자의 선택을 존중해야 한다. 또한 가격에 차이가 발생하는 이유를 흡연자에게 알려주어야 흡연자의 선택권도 보호 될 수 있다.

현행의 담배사업법이 지나치게 담배 판매를 보호하기 위한 조치가 아닌지도 살펴볼 필요가 있다. 소비자선택권이 우선인지 담배사업법이 우선인지를 고민해야 할 시기이다.

국민건강보험공단에서 담배소송이 진행 중인데 변론기회를 통해서라도 한 번쯤은 다루어져야 할 문제라고 본다.

위의 주어진 문장을 읽고 ① 개요(의의), ② 배경, ③ 현재 상황 및 문제점, ④ 추진(개선) 방향과 목적(목표), ⑤ 실행방안, ⑥ 장애발생 요인, ⑦ 사후관리방안, ⑧ 향후 기대효과를 기술하시오.

라. 실전 준비 방법

위의 연습한 문제를 아는 것과 모르는 것은 숙지도에 따라 분명하게 구분된다. 자신의 머릿속에 관련 내용을 숙지하는 것보다 문장을 통해 밖으로 표출하는 것은 훨씬 어려운 일이다. 그럼 문장을 통해 밖으로 표현하는 방법은 무엇인가? 자신감을 통해 우선 불안감을 해소해야 한다.

생각의 주인공이 되어서 관련 내용을 숙지해야 해야 한다. 주어진 출제 예상문제의 접근은 왜로부터 접근하여 무엇을 어떻게 하자는 것인가, 실행하려면 지금 무엇이 문제이고, 새로운 개선책은 어떤 문제를 해결하려고 하며, 향후 추진 시 장애요인을 제거하고 추진하면 어떤 효과가 나타나는지, 방법적인 접근을 통해 기억하고자 한다면 숙지한 내용의 기억이 명확해질 수 있다.

내용을 이해하고 안다는 것은 다른 사람에게 주어진 내용을 설명할 수 있어야 하는 것이다. 주어진 실제 자료를 보지 않고 타인에게 강의할 수 있고 설명할 수 있다면 그것이 바로 문제를 아는 것이다.

확신과 자신감은 예상문제를 보고 기억을 통해 표출하는데 아주 중요한 요소로 작용한다.

3. 중견관리자가 되기 위한 실무 TIP

가. 역량 평가를 위한 기본적 이해

주어진 상황문제에 따라 수행할 내용을 기록(note) 하여야 한다. 첫 번째 우선순위 선정, 요구하는 내용에 밑줄 메모를 통해 주어진 시제에 따라 적절한 대응(원인분석, 협상), 실행계획수립, 문제해결전략 수립, 처리할 문제의 방향과 순서 등을 간략하게 Note를 하여야 한다. 중요도와 시급성에 따라 계획수립(사람, 시간, 비용)은 효율적으로 배분하여야 한다.

주어진 시제 과제에 맞추어 방향검토, 업무지시, 절차설계, 의견피력 내용을 개조식으로 작성하고, 모든 것을 기록하기보다는 중요한 요점을 통해 핵심용어를 나열하는 방식으로 기록하여야 한다.

특히 행동역량이 표현되도록 과업지시서, 메모, 이메일 등을 활용하여 처리방법을 표출하여야 한다. 경영실기기법으로 문제해결을 위한 행동표현(표기)이 정답이 될 수 있기 때문이다.

주어진 문제를 열거하고 일정을 표기(달력)하여, 처리순서를 부여하면 더욱 좋다. 이러한 경우 팀장이나 부장에게 업무를 위임하거나 소주제는 분배를 통해 협업이 이루어지도록 하여야 한다. 그러나 본인이 처리하여야 하는 업무계획표 작성이 우선시 되어야 한다.

문제를 해결하는 일반적인 과정에는 문제인식→정의→연구→진단→해결책 도출→설계→계획→예측→평가→실행의 단계가 있다.

발생(주로 관리소홀로 발생)된 문제는 정상적인 상태로 되돌리어 원인을 제거하고 시급한 해결책(내부발생)에 대하여는 응급조치, 근본적 조치, 재발방지에 노력하여야 한다. 문제가 무엇인지 알고 있어야 즉시 해결을 위한 원인을 파악할 수 있으며 문제를 해결하면 과업은 종료 된다.

외부환경의 이해가 선행되는 설정형 문제를 다룰 경우에는 비전과 목표설정은 장기적 관점에서 높은 수준으로 설정하여야 접근이 용이하다.

주어진 상황을 통해 기회를 포착하여 집중적인 해결 방안을 모색한다. 세부적으로는 지속적 해결과 과업실행이 핵심사항이 된다. 즉각적인 성과 도출을 고려하는 것도 때에 따라서 필요하다. 단기적인 목표달성 기간이나 수치화된 목표가 설정되어야 한다.

세부적으로 필요한 조건을 확인하고 해결하려는 구체적 실행계획을 수립하여야 한다. 특히 미션(공헌), 비전(모습)은 어떻게 해야 하는지 집중방안이 모색되어야 한다. 문제해결과 관련한 인프라(기반) 구축이 필요할 경우도 존재한다. 문제가 무엇인지 찾는 것도 중요하지만 즉시 해결이 아니라 목표달성을 위한 방법을 찾는 것이 핵심이다. 해결 여부가 명확지 않을 경우 계속 수행 여부를 고려하여야 한다.

잠재형 문제(발생하지 않은 문제 사전예방으로 방지)는 방치하면 미래문제로 변질될 수 있다. 따라서 사전방지 예방책 마련, 대비책 사전준비, 리스크에 대비한 대응 능력 향상을 위해 위기에는 즉각 대응하여야 한다.

일반적인 문제는 원칙에 따라 처리한다. 예외적인 문제는 상황에 맞게 설정하여 처리한다. 사고의 확산과 수렴은 충분한 검토를 통해 이루어져야 하고, 인식, 모색, 해결안 선택, 해결책 실행되어야 한다. 창의적인 사고와 비판적 사고는 균형 있게 표출되어야 하며, 깊은 이해를 전제로 하는 경우에는 통찰력이 필요하다.

정보를 연결하고, 조합하는 능력, 분석력으로는 논리적 사고(명료), 시스템 사고(피드백, 복합성 이해, 균형), 통계적 사고(변동이해, 객관적인 의사결정을 하는 데 필요)가 필요하다. 다양한 사고방식이 서로 순환적으로 연결되어 조화를 이룰 때 시너지 효과가 창출되기 때문이다.

이때 문제(실제인지), 정보(상황, 객관적 데이터), 개념(용어 분명), 목적(나침반), 관점, 문제맥락, 전제조건과 과정, 해결책(목적을 달성할 수 있어야), 결과 파악 순으로 전개되어야 한다. 평가기준의 중요성(가치와 우선순위), 정확성, 충분함, 명확성(표현), 정당성도 있어야 한다.

문제의 구체적 표현이나 대상, 장소, 시기, 정도는 무엇이, 어디서, 언제, 어느 정도인지는 주어진 문장을 통해 파악하고, 해결책은 직원의 사기, 피로도, 고객의 수, 고객만족도를 염두에 두어야 한다.

시스템을 개선하기 위해서는 지렛대의 원리를 통해 작은 변화를 증폭시키는 활용방법으로 접근하여야 한다. 원인관리를 위해서는 통계기법을 활용하거나 수치를 제시하여 적용한다.

역량평가는 주어진 문제에 따라 행동, 반응, 응답, 결과, 관찰, 기록이 중요시되는 요소가 대부분이다. 따라서 직원, 고객, 관계자와의 의사소통을 통해 문제점 해결, 동기부여, 행동, 대인스킬이 발휘되어야 한다. 주어진 정보를 통해 회의, 위원회, 타협 등 집단 문제해결, 적절한 의사소통과 스킬을 발휘하여 시기적절한 의사결정과 문제해결을 통해 공동의 목표를 달성하여야 한다.

어떤 행동을 바꿀 것인가(명확하게), 어떤 행동으로 대처할 것인가(인식), 행동을 바꾸고자 하는 의지와 노력을 논리적으로 설득력 있게 표현하여야 한다.

가치, 리더십, 부서, 기능, 직무, 조직요구, 직무역량, 기대수준 육성은 목표달성에 필요한 역량(코칭의 내용)이 표현되어야 한다. 행동의 변화는 바람직한 동기부여를 통해 개발할 수 있도록 방향을 제시하여야 한다. 특히 관계, 코칭, 책임감, 부하육성, 팀 전체 조화, 성과 창출을 위한 팀워크 조성 등을 추진할 경우에는 상호 독립적이어야 한다.

구체적 실행방안에는 전문성과 창의성 기획력, 문제해결력을 통한 적합한 해결대안을 제시한다. 시간, 업무상황, 조직상황, 업무수행 이슈는 답변을 통해 해결하며, 주어진 정보와 자료를 탐색하고 역할에 따라 과제 개수를 파악하고, 우선순위에 따라 일정을 관리하여 스스로의 수행결과를 찾아서 제시하여야 한다. 특히 실행전략의 중요성에 중점을 두고 우선순위 결정원리 및 법칙, 개인 및 조직의 우선순위 습득원칙, 9분면 매트릭스, 추진법칙, 대응법칙, 상대성 법칙이 자연스럽게 반영되어야 한다.

문제에 접할경우 해답을 찾는 접근방법은 시간적인 해결관리방안을 이해하여야 한다. 당장 무엇을 해야 하는지 판단하는 것이다. 효율적 추진기술이란 빨리하고 열심히 할지 여부와 결정의 판단기술을 접목하는 것이다. 효율적이고 정확하게 판단하여야 할 작업 순위를 정하고 해결하려는 연습이 일상 업무에서 이루어져야 한다.

나. 문제해결을 위한 업무계획표 작성 방법

① 업무 우선순위 분류표

업무 우선순위 분류표 작성은 자료 요구사항에 충실하여야 한다. 특히 시급성을 요하거나 당일 처리 요구사항은 누락되지 않도록 하여야 한다. 특히 현안은 높은 중요도를 선택하여 1순위로 처리하여야 한다.

예를 들어 당일 처리업무는 보고, 작성, 검토, 지시, 협의라는 용어로 구분하여 기재한다.

특정 시점이 없는 경우에는 통합처리, 복수관련자 지정, 유보/위임사항을 기재하여야 한다. 제시된 업무 내용에 따른 기준에 부합하도록 소요시간이나, 업무순서는 필요한 경우에만 제시한다. 대상자가 부합될 경우에는 소항목별 1건씩 추가로 임무를 부여한다. 우선순위를 결정하고 사유를 명시하여야 한다. 중요하고 급한 업무는 우선 처리하고 중요하지만 급하지 않은 업무는 급한 업무보다 나중에 처리하여야 한다.

타임테이블(시간과 일정표)이 주어지는 경우에는 시간이 부족할 수 있으므로, 의외의 사건은 급한 것보다 우선되어야 한다. 여러 문제가 경합

될 경우에는 순차적으로 방향 제시를 하여야 하는데 대외업무, 상급자 업무지시, 경영지원, 직원 개인사정, 내부행사, 고객민원 등에 초점을 두고 시제에 주어진 공문, 이메일, 구두 등 방식에 따라 시행조치 사항을 표기하여야 한다.

순서를 정하는 연습은 대략 1) 월간보고 검토, 2) 변경요청, 3) 예산편성 및 협의결과, 4) 이의제기, 5) 실무편람 발간계획 수립 등 개괄적인 업무흐름에 따라 표현이 이어지도록 하여야 한다.

② 유보가 가능한 업무

유보업무를 선정하여 시급성이 높은 업무 중 관련자와 적절한 협의에 의해 유보가 가능한 업무를 선정 후 관련자에게 필요한 조치를 지시하여야 한다.

③ 업무의 위임

업무의 위임 여부는 본인이 해야 할 업무를 하급자에게 권한 위임하는 경우이다. 시급성 높은 업무 중 가용인력을 선정하여 위임 가능한 업무를 선정하여야 한다.

지시를 하는 경우에는 해당관련자에게 필요한 조치를 명확하게 제시하여야 한다. 이 경우 유보와 위임이 너무 많이 발생하지 않도록 적절하게 1-2개 선정하되 필요성 여부에 따라 배분하여야 한다.

④ 소요시간

시각, 소요시간은 필요 시 명시, 관련 대상자, 복수설정 가능, 직접 수행 시에는 본인으로 기재하여 표현에 혼선이 발생하지 않도록 작성하여야 한다.

다. 행동과 표현 방법

문장을 통해 행동이 표출되는 평가이기 때문에 관찰이 중요하다. 분류된 행동이 긍정적이고, 다양함과 동시에 매우 높은 수준의 강도를 가진 단어를 통해 표현되어야 한다.

취해진 행동은 모든 중요한 요소를 고려하여 논리적, 합리적, 이성적인 방법으로 처리되어야 한다. 주어진 요구역량에 따라 행동표현은 거침이 없어야 한다.

행동을 결정하는 평가 결정요소(fast, focused, flexible, friendly)에는 적절한 사실을 충분히 고려하고 있는지, 시간 등 타이밍에 따라, 근본적인 문제에 접근하여 해결하려고 하는지, 해결대안으로 적절히 대응하는 의사결정을 추진하고 있는지, 도출될 결과의 영향을 고려하되, 직원 간의 인간관계적인 요소가 고려되고 있는지 등, 의사결정에서 실행하는 조건 속에는 대책, 활동, 권리행사 등의 요소를 갖추는 내용으로 표현하여야 한다.

라. PDCA에 따른 문서작성을 강화하는 방법

① Plan

목표설정의 경우에는 경영원칙이 적극 반영되어야 한다. 핵심과제/실행과제 도출, KPI 도출, 실행계획수립, 업무 배분, 실행계획서 작성내용이 작성되어야 한다.

② Do

실행절차는 구체적으로 단계별로 실천 계획을 제시하여야 한다. 특히 업무지시, 지원제공, 육성/지원, 니즈 파악, 코칭, 동기부여, 자신감 고취, 솔선수범하는 내용이 반영되어야 한다.

③ Check

보고하기, 전달(피드백 하기), 모니터링을 통해 진척도를 점검하고 공유하여야 한다. 피드백은 시의적절하고 균형 있게, 구체적인 상황 과업에 따라 행동하고 결과를 도출하며 측정이 가능한 행동, 관찰, 기술, 생각과 정보공유, 주고받는 입장에 초점을 두고 주기적으로 점검하여야 한다.

④ Action

사후관리는 개선과제(문제) 도출, 원인과 해결방안 도출, 해결안 실행, 성과 평가와 목표관리에 맞는 방향으로 추진하여야 한다.

마. 문제해결을 위한 실무 학습

주어진 해결 문제에는 목표와 현 상황과의 GAP(목표와 현재 상황이 어긋나 있음을 의미)이 존재한다.

목표를 세우는 경우 어떻게 되었으면 좋겠는가? 하는 전망이 이상적인 모습으로, 바람직한 상태로 표출되어 기대되는 효과까지 예측이 되어야 한다.

현 상황을 판단하는 경우에는 어떻게 되어 있는가? 지금 상태의 실제 모습, 예상되는 상태, 예기치 못한 결과를 고려하여야 한다.

① 관리에는 5가지 기능이 있다.

ㄱ. 계획기능은 무엇을 어떤 방법으로 할 것인가? 최적, 복수계획이 있어야 한다.

ㄴ. 조직기능에는 누가 어떻게 할 것인가? 리스트, 배분, 순서가 구체적이어야 한다.

ㄷ. 지령기준으로는 책임과 기준을 제시하고 업무를 명하고, 의욕을 가지게 추진하여야 한다.

ㄹ. 조정기능을 수행할 경우에는 한 단계 위의 입장에서 판단, 관계자와 상담, 조직 활동 촉진, 연락조정, 업무 조정이 명확하게 실시되어야 한다.

ㅁ. 통제기능에서는 계획과 시행 차이를 발견하고 궤도를 수정하기도 한다. 감독, 보고, 상벌을 통해 마무리되어야 한다.

② 우선순위 결정시 고려사항

1순위는 주어진 절체절명의 위기상황이 가장 중요하다.

2순위는 지금은 급하지 않지만 언젠가 아주 중요한 영향을 미치는 과제이다.

3순위는 중요한 업무추진을 위한 사전준비 및 문제예방이 필요한 과제이다.

4순위는 마감이 임박한 중요한 건, 공단실적에 영향을 주는 프로젝트나 회의 진행이다.

5순위는 대부분의 주어진 업무가 해당된다.

6순위는 적당히 중요하나 미뤄도 되는 업무이다.

7순위는 지금 하면 간단하나 미루면 골치 아픈 과제이다.

8순위는 적당히 중요하나 언제든 해도 되는 과제이다.

9순위는 하나 마나 한 업무이다.

> 7순위 착시효과와 9순위 영역을 줄여야 한다.
> 실무적으로는 목표를 정할 때 우선순위(분석과 원하는 것)는 현재형으로 목표 재검토, 관리, 보완사항이 기재되어야 한다.
> 커뮤니케이션할 때의 우선순위(경청)는 커뮤니케이션을 위한 시스템 구축방안으로 무슨 일이 일어나고 있는지 상황에 따라 직원에게 전파하며, 위치와 방향 알고 공유하되 직접 대면 기회를 활용하여야 한다.
> 인맥관리를 할 때 우선순위는 각종 모임이나, 온·오프라인을 활용하고, 공식 집단과 비공식 집단을 꾸준히 활용한다. 문제 해결할 때의

> 우선순위는 TOOL 시스템을 사용하여 스트루프 효과가 나타나도록 한다.
>
> 결정할 때의 우선순위는 마감시한을 설정한 후 태도를 결정하여야 한다. 멘토링할 때의 우선순위는 주어진 자원으로 지식이전 방법을 활용할 수 있어야 한다.

③ 우선순위 기본법칙

〈습관유지법칙〉

- 문제가 발생하면 미루지 말고 당장 하라.
- 문제가 예상되면 사전에 조치를 취하라.
- 결정이 필요하면 결정은 빠를수록 좋다.
- 결재 시에 애매한 것은 명쾌하게 질문하라.
- 관리자 혼자 모든 것을 하겠다는 생각은 버려라.
- 여러 부서에 발생할 경우 상대방의 입장에서 우선순위를 파악하라.
- 시급한 위험이 따를 때는 직속상사에게 보고하고 상사의 판단에 맡겨라(상의하라).
- 처리를 요하는 경우 연령대별로 우선순위가 다르다는 사실에 유의하라.

〈내가 해야 할 일의 충돌 시 해결방법〉

- 중요한 업무 때문에 급한 업무를 미루지 마라.
- 성과는 대개 잘하는 업무에서 나온다.
- 드러나는 업무부터 시작하라.
- 몸 쓰는 업무는 함께하거나, 위임이 가능하다.

- 서포터가 빛을 발휘는 순간도 있다(서포터즈단 활용).
- 업무의 탄력을 최대한 이용하라(추진동력 유지).
- 마감효과를 활용하라(동기부여를 통해 완수하면 이익 받는다).

〈지시들이 충돌할 때〉
- 성격을 파악하면 우선순위가 명확해질 수 있다.
- 현장에서는 일단 수긍하고 우회하라.
- 공을 부하 직원에게 돌리는 관리자를 따른다.
- 일단 소속부서장에게 교통정리를 맡겨라.
- 공단 차원에서 대처하라.
- 공단의 규칙을 들이대라.

④ 문제해결을 위한 방해 제거와 대응

문제해결 능력은 문제의 원인파악, 대처, 대응방안에 따라 대책을 세울 수 있고, 없고 에 따라서 방향이 달라진다.

절차와 기법을 활용하여 해결안을 도출하고 이를 실행하기란 그리 쉬운 일이 아니다. 그러나 자신의 의사소통, 사고능력, 절차와 도구활용 능력, 실행력을 통해 해결해 나아가야 한다. 문제의 상황이 절박한 경우 권한위임과 동기부여는 외부적인 요소를 통해 해결의지(마음)에 따라 실행이 될 수 있다.

개인 사고력, 합리적 의사결정 능력, 문제해결 절차, 문제해결 기법은 의사소통을 통해 서로 타협과 양보, 정보교환, 관계형성, 상호이해, 영향력을 미치는 행위나 과정에서는 경청이 중요하다.

가치관 차이는 개방적 태도와 생각으로 다르다는 상대방의 가치를 인정하고 유연한 사고로 해결을 모색하여야 한다. 복잡한 문제는 팀을 구성하여 협력관계를 통하여 신뢰와 존중으로 해법을 모색해야 한다.

문제를 해결하는 과정에서는 다양한 제약이 있을 수밖에 없다. 문화에 기인한 제약은 변화에 대한 수용 태도, 의사결정 방식 등 당연하게 받아들이는 관습과 전통방식으로 표출될 수 있다.

조직에 기인한 제약으로는 조직배경(관료화), 수직 또는 수평조직구조, 권한집중, 위계질서 중시가 있을 수 있다. 경영자에 기인한 제약은 리더십 유형에 따라 다양하게 표출될 수 있다. 개인성향에 기인한 제약(태도와 성격)은 조급한 성향으로 인하여 문제본질을 파악하는 데 어려움이 발생한다. 원인과 상황을 분석하는데 치밀함이 결여된 경우에는 질문과 답변하는 과정이 필요할 수 있다.

실패에 대한 두려움은 극복의지, 각오, 강한 의지(진정한 출발점)로 헤쳐나가야 한다. 적극적인 대처가 없거나, 경험 부족, 접근방법을 모르거나, 감당이 어려운 한계상황은 제약조건이 될 수 있다.

문제해결이 요구되는 리더십의 경우는 자율과 혁신 생동감과 자긍심 넘치는 조직 창출의지가 중요하다. 자신의 업무와 연계된 과제해결은 솔선수범을 통해, 공감대 형성을 위한 현장의 어려움을 해결하기 위한 동기를 부여해야 한다.

연속성 있는 업무추진을 위해 소통을 위한 응집력을 발휘하며, 학습조직을 통해 활성화 방안을 마련하여야 한다. 목표공유를 위해 공감시스템 활성화를 통한 상황전파와 공유방안 마련이 선행되어야 한다.

주어진 역할과 과제에는 당시 상황에 따라 나의 행동, 맡은 역할이 요구된다. 과제해결 시에는 구체적으로 행동지시 한다. 결과와 피드백을 통해 관계형성의 계기를 마련한다. 유지노력를 위해 도움을 제공하는 방안을 전파한다. 주어진 당시 상황, 행동표출, 결과도출, 분위기 조성 및 갈등 예방과정이 세부적이기보다는 행동표현으로 문장이 서술되어야 한다.

행동역량을 강화하기 위하여 몇 가지 긍정적인 방법은 어려운 문제는 회의나 모임을 잘 활용하는 것이다. 부정적인 사람과 가까이 지내지 않는다. 완벽을 추구하지 않는다. 문제가 생기면 문제해결에 집중한다. 충고나 비판을 받아들인다. 핑계를 대지 않는다. 성공하는 사람들과 어울리고 그들을 축하한다. 사람들을 소홀히 대하지 않는다. 불확실한 목표를 공약으로 제시하지 않는다. 말에 책임을 지고 행동으로 보인다. 변화를 받아들인다. 새로운 것을 학습한다. 매사에 감사함을 잊지 않는다.

위의 열거된 사례를 잘 활용하는 것이 바람직한 방해제거와 대응능력으로 표출될 수 있다.

⑤ 문제해결을 위한 용어와 기능 이해

인식이란 정보를 받아들이고, 문제 파악, 정보를 수용하는 것이다. 관심은 인식한 것들에 대한 중요판단과 상황 반응이다.

기억은 왜곡을 염두에 두어야 한다. 분류는 공통 특징을 모아 나누는 것이며 해결의 실마리를 찾는 것이다. 학습이란 무엇 해결, 어떻게 해결이라는 해결방법 자체이다. 동기는 필요, 요구, 가치, 만족, 선호, 효용, 목적, 목표라는 단어를 통해 표현한다. 뚜렷한 동기는 목표를 분명하게,

분명한 목표는 방향을 제시하고, 지속성을 유지한다. 판단은 정보의 평가과정이다.

추론은 데이터, 사실, 논리적 전제조건을 통해 결론을 유도하는 과정이다. 창의성은 다양한 해결책 발굴의 원천으로 필수 요소이며, 다양한 사고 과정으로 문제를 해결하는 아이디어이다.

문제해결을 위한 기능 측면에서 해결과정은 일종의 탐험과 인식을 통해 올바른 문제, 문제해결의 목표와 방향이 수립되어야 한다. 새로운 문제에 대한 계획수립은 설계이다. 따라서 목표달성을 위해 조건을 충족하는 시스템을 만들고, 요소에 따라 프로세스를 고안하는 과정이다.

계획에는 필요한 일 파악, 어떻게 수행할지를 결정하는 행위가 포함되어야 한다. 예측은 어떤 일이 발생할지 가능성을 분석하여야 한다. 평가에는 판단기준 마련, 최적안 선택, 목표와 실제 진행된 것 차이를 확인하여야 한다. 실행은 현실구현행위, 계획과 성취 간격 메우는 일, 현실 접목한 실행결과로 나타나야 한다.

따라서 주어진 상황 문제를 보고 문제지에 표기하면서 고려할 사항이 표기되어야 한다. 근본적인 문제 원인에 따라 접근하여 결정할 사항이 나타나야 한다. 참고나 활용할 사항이 분명해야 한다.

대안을 제시하여 영향력을 행사할 활동 상황이 구체적이어야 한다. 유지할 사항을 기록되어야 한다. 처리 시기를 요구하는 경우 명기해야 한다. 대안을 제시하여 목표치를 부여할 사항은 수치로 구체화 시켜야 한다.

감성을 표현할 사항은 주어진 환경에 부합하여야 한다. 대응할 사항, 솔선수범 등 우선할 사항, 대책을 마련할 사항, 계획에 반영할 사항, 방향성을 제시할 사항이 표현되어야 한다.

실행할 목록 제시, 평가할 목록 제시, 재점검을 통해 피드백과 사후관리를 추진할 사항을 제시한다. 본인이 추진하려는 목적과 이념에 맞게 일관성을 갖추고 논리적이어야 한다. 직원의 역량 강화를 위해 추진할 사항이 포함되어야 한다.

⑥ 목표설정의 원칙

ㄱ. 목표

직원의 노력을 집중하기 위한 지향점이 반영되어야 한다.

ㄴ. SMART

- Specific→Situatial

 직원이 무엇을 해야 하는지 정확히 구체적으로 서술되어야 한다.

- Measurable→Motivating

 양적 질적 측면에서 어느 수준으로 해야 하는지 명확히 전달, 동기부여를 부여해야 한다.

- Aligned→Action Oriented

 전체 업무성과에 영향을 주는 연관성에 따라 도전적, 행동적으로 있는 업무를 다루어야 한다.

- Realistic→Relevant(연계, 강점과 약점 반영)

 합리적, 도전적, 노력 여하에 따라 달성 가능한 지표이어야 한다.

- Time→Bound(진적기간, 이정표 수립)

 특정기간에 목표달성 얼마나 잘하는지 검토와 필요한 조치가 필요하다.

ㄷ. **수립절차**

　미래 어디에 있을 것인가→전략적 승부를 건 사업과제로→조직문제와 연계하여→경쟁력 향상과 책임을 통해 가치창출 하고→공헌할 과업을 수행하기 위한→자신의 경쟁력을 증진시킬 방안이 마련되어야 한다.

ㄹ. **조직화와 팀의 업무할당 절차**
- 일상 업무는 계획수행의 필요성 검토, 타인이나 외부이양, 일은 쉽게, 적은 노력으로 추진하는 방안을 고려하여 여러 사람에게 나누어 할당해야 한다.
- 가치 있는 일은 재설계 하여 반영하거나 수용한다.
- 실행과제 수행은 필요자원과 능력에 따른 난이도, 권한, 지식, 스킬, 자원(인원) 등 검토한다.
- 팀원의 기대, 능력을 고려하여 과제를 할당한다.
- 실행과제 나열, 희망일 선택, 능력에 따른 조정, 업무비중을 적절히 고려한다.

ㅁ. **실행계획 수립**
- 실행일정 계획수립 시에는 세분화, 활동마다 담당 배정, 소요 마감시간 설정한 후 막대선 표시등을 활용할 수 있다.
- 업무결과 긴급사항 비상시에는 별도의 대책을 즉각적으로 수립한다.

ㅂ. 실행과 모니터링

중간점검실행, 주기적 활동, 진척상황 공유, 부진요인 파악하여 대책을 수립하고 성공사례 발표, 보상 및 동기부여를 추진한다.

ㅅ. 장애예측과 예방/긴급대책 수립
- 잠재문제(리스크)는 발생가능성(P: Probability), 발생할 경우의 영향 심각성(S: seriousness) 중 가능성과 심각성에 따라서 가능성이 높거나, 심각한 위협 여부를 판단하여 예측한다.
- 예방대책은 유력한 원인에 대한 대책으로 리스크의 발생가능성을 감소하는 대책을 마련(예시로는 표어나 포스터 활용, 개인정보강화 교육)을 수립한다.
- 긴급 발생 시 대책은 상정된 리스크가 발생한 경우에 리스크의 심각성을 감소시키는 대책(예시로는 대책반 구성, 사전보고, 분산배치 등)이 필요하다.

바. 기타

성과를 지향하는 리더의 행동은 분명한 목적의식을 갖고 항상 열정을 가져야 한다. 체계적인 노력, 해결책 마련과 장애는 새로운 기회로 인식하여 극복 대책을 마련하고 추진하여야 한다.

자신에 대한 확신감을 갖고, 자신감을 자주 언급하며 경험(확신)과 긍정적인 희망감으로 한 발짝 물러서서 객관적으로 추진상황을 바라보아야 한다. 성과를 창출하는 리더가 되려면 장단기 목표달성을 위해 끊임없는 노력으로 직원들의 역량을 강화할 수 있는 기회를 제공하여야 한다.

관리자란 다른 사람에게 영향을 주고, 그들을 이끌어 나아가며, 인재개발(직원능력향상)에 관심을 갖는 정도에 따라 조직을 변하게 만드는 사람이다.

단기목표는 스마트하게 목표를 설정하고 명확하게 제시하며 공정하게 추진한다. 지속적인 Review를 위해 직원과 자주 대화하며 노력도를 사전에 파악한다. 목표공유와 전파에 힘쓰며 장애요인은 미리 체크한다. 작은 성과에도 칭찬을 아끼지 않고, 객관적인 기준으로 피드백한다. 지속적으로 월간 목표달성도와 진척도를 점검하면서 사소한 부분은 위임한다.

최선의 해결책은 정확하게 문제를 인식함으로써 출발한다. 적절하고 합당한 사고력을 바탕으로 현안을 바라보아야 하고, 합리적인 의사결정으로 추진방안을 마련하면서, 수행 시에 발생하는 문제에 대한 해결책을 마련한다. 실행은 구체적인 행동의 총체적 집합체이다.

눈으로만 익히고 배운 지식보다는 넓은 사고로 직접(간접) 체험을 통해 체득한 지식이 더 소중하고 오래 기억된다.

참고문헌

일간신문

- 동아일보, 1933.6.24. 1937.7.27. 사설 외 다수 기사
- 동아일보, 1961.1.28. 1962.3.30. 칼럼 외 다수 기사
- 매일경제, 1969.8.22. 1977.6.20. 기사 외 다수

국내 단행본

- 신현기 외 8, 인지 및 지적장애의 이해, 2017.3.
- 강암구·정범길, 새로운 건강보험의 이론과 실제, 2015.10.
- 박영숙, 미래는 어떻게 변해가고 있는가, 2014.10.
- 강미라, 어떻게 달라져야 하는가, 2014.10.
- 김광웅, 우리는 미래에 무엇을 공부할 것인가, 2009.3.
- 트린즈지 특별취재팀, 10년 후 일의 미래, 2013.5.
- 스티븐 베에커, 빅테이터로 세상을 지배하는 사람들, 2014.10.
- 카민갤로, 리더의 자격, 2012.2.
- 이명원, 우선순위의 법칙, 2008.
- 보험미래 포럼, 건강보험의 진화와 미래, 2012.
- 국민건강보험공단, 올바른 치매 상담관리, 2009.7.
- 국민건강보험공단, 건강보험 재정누수 사례분석, 2014.

- 국민건강보험공단, 국민건강보험법 해설, 세진, 2011.
- 국민건강보험공단, 국민건강보험 판례집, 한아문화, 2009.
- 국민건강보험공단, 보건의료 판례집, 세원, 2011.
- 국민건강보험공단, 보험급여비용 환수지침, 2014.
- 국민건강보험공단, 수가제도 변천자료집, 무진인쇄, 2012.7.
- 국민건강보험공단, 허위·부당청구사례집, 2012.12.
- 국민건강보험공단, 사무장병원 길라잡이-업무매뉴얼 및 조사기법-, 2014.
- 국민건강보험공단, 2015 사업장업무편람, 2014.12.
- 보건복지부, 요양기관 현지조사지침, 2013.9.
- 보건복지부 외 2, 2015 중증질환 재난적의료비 한시적지원사업 안내, 2015.
- 보건복지부, 의료급여사업안내, 2015.1.
- 국민건강보험공단, 생활협동조합 인가 및 실태조사 교재, 2014.
- 국민건강보험공단, 진료비청구 및 심사의 이해, 2005.9.
- 대한의사협회, 의료법원론, 법문사, 2008.
- 명순구 외, 역사와 해설 국민건강보험법, 법문사, 2011.
- 보건복지부, 2012년 의료법 민원질의·회신 사례집, 2012.

- 이상돈, 의료형법, 법문사, 1998.
- 이상돈·김나경, 의료법강의, 법문사, 2011.
- 정홍기·조정찬, 제3판 국민건강보험법, 한국법제연구원, 2005.
- 최재천·박영호·홍영균, 의료형법, 육법사, 2003.
- 김종대·김학준, 김종대의 국민건강보험설, 나무와 숲, 2014.11.

기타 자료

- 의료법 일부개정 법률안(이종걸 외 9인), 2014.5.9.
- 보건복지부·국민건강보험공단, 불법의료기관 대응협의체 출범 보도자료, 2014.5.30.
- 보건복지위원회, 의료법 일부개정 법률안(양승조 대표발의) 심사보고서, 2011.12.
- 강신묵 외, 건강보험의 이론과 실제, 계축문화사, 2014.2.
- 국민건강보험공단, 진료비청구 및 심사의 이해, 2005.9.
- 보건복지부 외, 노인장기요양보험 급여이용안내, 2014.12.
- 함유근 외, 빅데이터 경영을 바꾸다, 삼성경제연구소, 2012.10.
- 보건복지부, 의료급여법령집, 2014.1.
- 보건복지부, 요양기관 현지조사 지침, 2010.3.

- 통계청, 제6차 개정 한국표준질병·사인분류 교육교재, 2011.11.
- 보건복지부 외, 2013년도 의료급여 실무편람, 건강보험심사평가원, 2013.11.
- 국민건강보험공단, 치료재료 사후관리 개선방안 연구, 2014.4.
- 국민연금공단, 2015년 알기 쉬운 국민연금 사업장 실무안내, 2014.11.
- 국민건강보험공단, 2014년 요양급여기준교육교재, 2014.9.
- 국민연금공단, 국민연금 수급자를 위한 가이드북, 2013.6.
- 국민건강보험공단, 건강보장정책 2014. 제13권 2호, 국민건강보험공단 건강보험정책연구원, 2015.1.
- 법제처, 사례중심 규제법령준비과정, 법제전문기관훈련기관, 2014.9.
- 국민연금공단, 국민연금 수급자를 위한 가이드북, 2014.6.
- 김정덕 외, 건강보험 요양급여 지출구조 개선방안, 국민건강보험공단 건강보험정책연구원, 2014.11.